Schepenese

Die ägyptische Mumie der Stiftsbibliothek St. Gallen

Peter Müller
Renate Siegmann

Herausgegeben
von Cornel Dora

Verlag am Klosterhof
St. Gallen 1998

© 1998 Verlag am Klosterhof
Auslieferung:
Stiftsbibliothek St.Gallen, Klosterhof 6d,
Postfach, CH-9004 St.Gallen
Gestaltung:
TGG Hafen Senn Stieger, St.Gallen
Druck:
Cavelti AG, Gossau
Einband:
Buchbinderei Burkhard, Mönchaltorf
Papier:
Gardapat 13, 150 g/m^2, säurefrei
und ohne optische Aufheller, alterungs-
beständig
ISBN 3-906616-45-2

Inhalt

Cornel Dora
Vorwort 7

Peter Müller
Die Mumie im barocken Bibliothekssaal 11
Eine Hauptattraktion der Stiftsbibliothek 15
Medienrummel um Pilzbefall 17
Mumien im Abendland 18
Literatur 23

Renate Siegmann
Die Mumie und die Särge der Schepenese 25
Schepenese: eine Übersicht 26
Zeittafel 27
Die politische Situation Ägyptens während der 3. Zwischenzeit
    (um 1070–664 v.Chr.) und zu Beginn der Spätzeit (ab 664 v.Chr.) ... 27
1. Die Mumie 29
    1.1 Die Mumifizierung im alten Ägypten 29
    1.1.2 Die Bestattung 32
    1.2 Die Mumie der Schepenese 32
    1.2.1 Die Arbeit der Balsamierer 33
    1.2.2 Paläopathologischer Befund 34
    1.2.3 Anthropologischer Befund 35
2. Die Särge der Schepenese 37
    2.1 Die Person der Schepenese anhand der Inschriften ... 37
    2.2 Altersbestimmung der Särge und der Mumienbinden:
        AMS-^{14}C Verfahren 40
    2.2.1 Holzbestimmung 40
    2.3 Altersbestimmung des Innensarges: ägyptologischer Ansatz ... 40
3. Bilder und Texte auf den Särgen 43
    3.1 Innensarg 43
    3.1.1 Sargdeckel aussen 43
    3.1.2 Sargdeckel innen 50
    3.1.3 Sargwanne aussen und innen 51
    3.1.4 Die Funktion des Sarges als Wohnhaus der Verstorbenen ... 53
    3.2 Aussensarg 54
4. Die wiedergefundene Familie der Schepenese 55
    4.1 Der Vater 55
    4.2 Das Versteck von Deir el-Bahari 56
    4.2.1 Die Bes-en-Mut-Familie 58
Schlussbemerkungen 60
Dank 60
Herodot, *Historien* II, 85–89 61
Anmerkungen 62
Literatur 63

Vorwort

Schepenese, die ägyptische Mumie der Stiftsbibliothek, hat seit ihrem Eintreffen in St.Gallen 1820 immer wieder das Interesse der Menschen auf sich gezogen. Viele wahre und erfundene Geschichten, Anekdoten, ja selbst Witze verbinden sich mit ihr. Erstmals wird ihr nun eine eigene Publikation gewidmet. In sorgfältiger Arbeit haben die Ägyptologin Renate Siegmann und der Historiker Peter Müller die Mumie und ihre Särge sowie ihre Geschichte in St.Gallen untersucht. Die Resultate ihrer Forschungen sollen der Öffentlichkeit im vorliegenden Band zugänglich gemacht werden.

In den letzten fünf Jahren wurden verschiedene Massnahmen zur Erhaltung von Mumie und Särgen ergriffen. Nach einem Pilzbefall musste die Mumie 1993/94 gereinigt und bestrahlt werden, was in der Öffentlichkeit mit grossem Interesse – und nicht ohne Sensationslust – zur Kenntnis genommen wurde. In der Folge wurden verschiedene Untersuchungen durchgeführt, von einer neuen Auswertung der Sarginschriften bis hin zur Durchleuchtung im Computertomographen und zur Alters- und Holzbestimmung durch die darauf spezialisierten Institute der Eidgenössischen Technischen Hochschule in Zürich. Die teils neuen Erkenntnisse werden in dieser Schrift vorgestellt. 1995 konnte die Präsentation der Exponate im Bibliothekssaal durch eine Abschrankung und Podeste für die Särge vom Kunstschreiner Josef Geier deutlich verbessert werden. Als vorderhand letzte Massnahme wurden die Holzsärge im Sommer 1997 durch Nicolas Boissonnas restauriert und gegen weiteren Zerfall gesichert.

Man hat gelegentlich daran gezweifelt, dass eine Mumie in die Umgebung des St. Galler Bibliothekssaals mit seinen Handschriften passe. Dieser Meinung darf jedoch widersprochen werden. Die meisten grösseren Bibliotheken der Barockzeit sammelten neben Büchern auch sogenannte Kuriositäten oder Raritäten, eine Aufgabe, welche erst im 19. Jahrhundert an die öffentlichen Museen überging. Die Stiftsbibliothek St.Gallen besass seit dem 17. Jahrhundert ein Raritätenkabinett mit Münzen, Medaillen, Kunstgegenständen, technischen, mathematischen und astronomischen Instrumenten, Globen, Mineralien, Versteinerungen, Muscheln und manch anderem. Auf diesem Hintergrund erscheint unsere Mumie nicht als Fremdkörper, sondern als typischer Bestandteil einer historischen Bibliothek.

Sucht man in der Stiftsbibliothek nach weiteren ägyptischen Bezügen, so lässt sich die Inschrift über dem Bibliotheksportal anführen. Der griechische Schriftzug ΨΥΧΗΣ ΙΑΤΡΕΙΟΝ (Psychäs Iatreion = Heilstätte der Seele) geht auf eine Inschrift in einer ägyptischen Tempelbibliothek Ramses II. zurück, welche der antike Historiker Diodor im ersten Jahrhundert vor Christus aufgezeichnet hat. Auch im Buchbestand ist Ägypten überraschend reich präsent, ein Zeichen für das rege wissenschaftliche Interesse der Mönche. Das wohl älteste vorhandene ägyptologische Werk dürfte ein Versuch zur Deutung der Hieroglyphen aus dem Jahr 1567 von Johannes Pierius sein, das der st.gallische Pater Mauritius Enk 1569 im Auftrag von Fürstabt Otmar Kunz in Paris kaufte. Weitere einschlägige Bände datieren aus dem 17. und 18. Jahrhundert.

Wohl als Folge der nach 1820 einsetzenden Beschäftigung von St.Galler Gelehrten mit Schepenese wurde die Fachliteratur im 19. Jahrhundert nachhaltig ergänzt, unter anderem mit zwei grossangelegten Tafelwerken über die ägyptischen Altertümer: der durch Napoleon Bonaparte veranlassten *Description de l'Égypte* in zweiter Auflage und den ebenso monumentalen, zwölfbändigen *Denkmälern aus Ägypten* des Preussen Karl Richard Lepsius. Auch das grundlegende Werk Jean François Champollions zur Entzifferung der Hieroglyphen durfte nicht fehlen und wurde in zweiter Auflage angeschafft. Das eindrucksvollste Zeugnis des alten Ägypten in der Stiftsbibliothek ist und bleibt jedoch die Mumie der Schepenese.

Eine Reihe von Personen und Institutionen haben am Zustandekommen dieses Bandes mitgewirkt. Ich danke
– den Autoren, Renate Siegmann und Peter Müller, für ihre umfangreichen Recherchen und die damit verbundenen Mühen
– Thomas Böni von der Orthopädischen Universitätsklinik Balgrist in Zürich
– Georges Bonani vom Institut für Teilchenphysik der ETH Zürich
– Mirjam Würsch-Geiger und Elisabeth Langenegger vom Anthropologischen Institut der Universität Zürich
– Ernst Zürcher von der Professur für Holzwissenschaften der ETH Zürich
– den Fotografen Carsten Seltrecht, St.Gallen, und Peter Schälchli, Zürich
– Wolfgang Göldi und Ruedi Gamper von der Kantonsbibliothek (Vadiana) St.Gallen
– Toni Bürgin vom Naturmuseum St.Gallen
– Michael Kessler vom Pharmazeutisch-Historischen Museum Basel
– TGG Hafen Senn Stieger für die umsichtige und sorgfältige Buchgestaltung
– meinem Arbeitskollegen Karl Schmuki für seinen wertvollen Rat und die Lektoratsarbeit
– der Stiftsbibliothekskommission unter dem Vorsitz von Hardy Notter für die Unterstützung des Vorhabens
– Sylvia Mathieu, Ruth Seyfried und Natascha Thurnherr, die sich massgeblich für diese Publikation eingesetzt haben.

Die folgenden Personen und Institutionen haben die Drucklegung durch finanzielle Beiträge ermöglicht:
– Rösslitor Bücher, St.Gallen
– Kunst am Dom, St.Gallen
– Hausmann AG, Hecht-Apotheke und Schweizerisches Medizinal- und Sanitätsgeschäft, St.Gallen/Zürich
– Ortsbürgergemeinde St.Gallen
– Alexander Schmidheiny Stiftung
– Bank Morgan Stanley, Zürich
– Cavelti AG, Satz-Druck-Verlag, Gossau
– Credit Suisse Private Banking, St.Gallen
– Enzym Labor Dr. H. Weber AG, St.Gallen
– Martel AG St.Gallen, Spitzenweine
– Papeterie zum Schiff AG, St.Gallen
– Salzmann Gruppe, St.Gallen
– Walter und Verena Spühl, St.Gallen
– Familie Seyfried, St.Gallen
– Familie Werhahn-Bianchi, Salenstein

St.Gallen, im Mai 1998   Cornel Dora

**Die Stadt St.Gallen im Jahr 1832,
Aquarell von Josef Martin Schmid
(1786–1842).**
Kantonsbibliothek (Vadiana) St.Gallen

Die Mumie im barocken Bibliothekssaal   *Peter Müller*

Eine Mumie – wie kommt eine Mumie aus Oberägypten in den barocken Bibliothekssaal eines abendländischen Klosters? In der Literatur liest man meist, dass sie von einem Offizier des ägyptischen Vizekönigs Mohammed Ali einem Sekretär des St.Galler Landammanns Karl Müller-Friedberg geschenkt worden sei, und der habe sie dann an die Stiftsbibliothek abgetreten. Die genaue Durchsicht der vorhandenen Aktenstücke ergibt ein etwas anderes Bild.

Am 30. Januar 1820 bekam Karl Müller-Friedberg (1755–1836), Gründer und führender Politiker des Kantons St.Gallen, einen Brief aus Ägypten, von dem wir leider nur noch die Zusammenfassung in den Notizen des St.Galler Gelehrten Peter Scheitlin (1779–1848) haben. Auch den Absender kennen wir nicht genau. Scheitlin schreibt von einem «in Ägypten niedergelassenen Deutschen, der von seinen ersten Jugendjahren an der werte Freund des Hauses Müller-Friedberg war», an einer anderen Stelle berichtet er, dass die Mumie von einem «Philipp Roux, gegenwärtig in Alexandrien etabliert», hierher gesandt worden sei. Der Inhalt des Briefes dürfte den Landammann überrascht haben: Er habe, schreibt der Absender, eine der schönsten Mumien, die aus Oberägypten bekannt seien, erwerben können und beschlossen, ihm diese – samt den zwei dazugehörenden Holzsärgen – als Geschenk nach St.Gallen zu schicken. Die Sachen wurden in eine Kiste verpackt und gelangten als sechs Zentner schweres Frachtgut über Alexandria, Triest und Feldkirch im August nach St.Gallen. Hier wurde die Mumie im Beisein von Naturwissenschaftlern und Gelehrten, die man eigens dazu eingeladen hatte, bis zur Brust

Landammann Karl Müller-Friedberg: Er bekam die Mumie und ihre beiden Holzsärge 1820 geschenkt.
Kantonsbibliothek (Vadiana) St.Gallen

Professor Peter Scheitlin: Er hat die Antiquitäten aus Ägypten als erster untersucht.
Kantonsbibliothek (Vadiana) St.Gallen

ausgewickelt. Peter Scheitlin löste die heikle Aufgabe mit der Unterstützung des ortsansässigen Dr.med. Andreas Sinz.

Ungefähr acht Wochen nach ihrem Eintreffen in St.Gallen wurden die Antiquitäten in einem Kreis von geladenen Gästen feierlich enthüllt. Scheitlin hielt dabei einen Festvortrag, dessen Manuskript noch erhalten ist. Der Gelehrte bot dem Publikum eine allgemeine Einführung ins Thema und teilte die Ergebnisse seiner Untersuchung von Mumie und Holzsärgen mit. Am Schluss holte er zu einem Lob der einbalsamierten Toten vom Nil aus: Mumien seien wertvoll für den Geschichtskundigen, den Arzt, den Naturwissenschaftler, den Sprachforscher und den Archäologen, sie erzählten von «Rassen, Herkunft, Verbreitung und Untergang der ältesten Völker» und seien ein bleibendes Andenken an ein Volk, das «gross war und gross bleibt durch seine hohe Kunst und Bildung, von welcher die Pyramiden unwandelbare Zeugen sind». Als Erinnerung durfte am Schluss jeder Gast von der Leinwand, mit der die Mumie eingewickelt war, ein Stück mit nach Hause nehmen. Dass diese Geschichte wahr und nicht etwa nachträglich von einem Bibliotheksgehilfen oder Fremdenführer erfunden worden ist, legt ein Päckchen nahe, das die Berner Kunsthistorikerin Ellen J. Beer von der Familie des Bundesrates Ludwig Forrer geschenkt bekam und 1969 an die Stiftsbibliothek weitergab. Es enthält ein Stück Stoff, bei dem es sich – so die Beschriftung – um ein «Stück von der Leinwand» handelt, «womit die in St.Gallen sich befindende Mumie eingewickelt war». Geschrieben hat die Zeilen ein L. Forrer, der die Kuriosität am 22. April 1864 von einem Dr. Grunauer aus Winterthur erhalten hatte – wohl Dr.phil. Emil Grunauer (1840–1884), Lehrer für alte Sprachen am Gymnasium Winterthur und Fachschriftsteller.

Müller-Friedberg entschied sich offenbar bald dazu, die Mumie und ihre zwei Särge der Stiftsbibliothek abzutreten, allerdings nur als Leihgaben: Am 15. November 1820 gestand der Katholische Administrationsrat dem Landammann bzw. seinen Erben schriftlich das Recht zu, die Antiquitäten jederzeit wieder an sich nehmen zu können. Zum Schutz des «unschätzbaren Altertums» ordnete er an, dass der gläserne Sarg «unverletzt erhalten und mit einem Tuch bedeckt» wird. Die zwei Holzsärge sollten «sonst vor Staub und Degradation» gesichert werden. Wie kam Müller-Friedberg auf die Stiftsbibliothek? Es gibt wohl nur eine plausible Antwort. Wie in vielen andern Bibliotheken hatte man hier im 17. und 18. Jahrhundert auch «Seltenheiten aus Natur und Kunst» gesammelt: Münzen, Medaillen, Kunstgegenstände, technische Instrumente, Mineralien, Versteinerungen, Muscheln und Kuriositäten aller Art. 1820 mochte es daher naheliegen, die Mumie aus Oberägypten ebenfalls in der Bibliothek zu deponieren.

In der Stadt St.Gallen löste die Mumie einen kleinen ägyptologischen Rummel aus. In der Nummer 41 vom 13. Oktober 1820 versprach das damals bedeutendste St.Galler Wochenblatt, der von Müller-Friedberg selbst herausgegebene *Erzähler*, dass die «vielseitig verlangte Beschreibung der Mumie aus Oberägypten» bald folgen werde. Peter Scheitlin versuchte sich in der Entzifferung der Hieroglyphen auf den beiden Holzsärgen. An Literatur zog er dazu die Arbeiten von Jean François Champollion bei, kam aber über einige Allgemeinplätze nicht hinaus. Die Särge lagen während dieser Studien monatelang bei ihm zuhause am Totengässlein. Scheitlin beschäftigte sich auch weiter mit der ägyptischen Geschichte, Kultur und Religion. 1824/25 hielt er im Wissenschaftlichen Verein der Stadt fünf Vorträge über Mumien, «besonders über die in der Stifts-

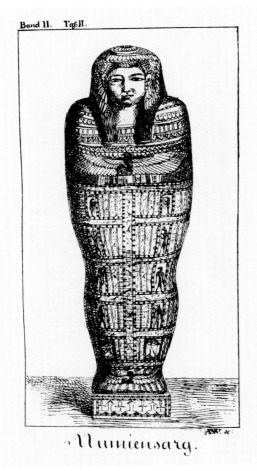

Schepeneses innerer Sarg. Illustration aus Johann Jakob Bernets *Geschichtlichen Unterhaltungen* von 1829.
Kantonsbibliothek (Vadiana) St.Gallen

bibliothek deponierte ägyptische, nebst der Geschichte der Bemühungen, die Hieroglyphen zu deuten bis auf den neuesten Champollion». Mit letzterem griff er ein in der damaligen wissenschaftlichen Welt hochaktuelles Thema auf. Es war erst zwei Jahre her, dass Jean François Champollion (1790–1832) anhand von Königsnamen aus pharaonischer Zeit der entscheidende Durchbruch bei der Entzifferung der Hieroglyphenschrift gelungen war. Bald gab es für die St.Galler auch etwas über Mumien zu lesen: 1829 behandelte der Theologe und historische Vielschreiber Johann Jakob Bernet (1800–1851) im zweiten Band seiner *Geschichtlichen Unterhaltungen,* einer Weltgeschichte für das breite Publikum, im Kapitel über das alte Ägypten ausführlich Hieroglyphen und Mumien. Zur Illustration fügte er unter anderem Bilder von der St.Galler Mumie und ihren Särgen bei. «Landammann Müller-Friedberg erhielt sie vor einigen Jahren aus den Katakomben von Theben als köstliches Geschenk und deponierte sie in die Stiftsbibliothek», heisst es in einer der Bildlegenden.

Die erste Bibliothek, die in St.Gallen mit etwas «Ägyptischem» für Aufsehen sorgte, war die Stiftsbibliothek allerdings nicht. Hier war ihr die Stadtbibliothek zuvorgekommen. Das lange Zeit meistbeachtete Stück ihrer Natur- und Kunstsammlung war ein ausgestopftes Krokodil «aus Egyten Land», das ihr der Stadtrichter und Stadthauptmann Daniel Studer 1623 geschenkt hatte. Für die St.Galler Museumsgeschichte ist es ein recht wichtiges Krokodil: Die Stadtbibliothek nahm das Geschenk nämlich zum Anlass, mit dem Sammeln von Seltenheiten aus Natur und Kunst anzufangen. 1846 wurde aus dieser Sammlung das St.Galler Naturmuseum. Dass es sich um ein «banales» Nilkrokodil handelt und nicht um ein «heiliges» Krokodil aus dem

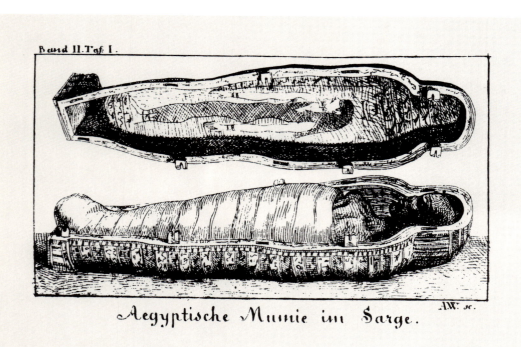

Die Mumie der Schepenese. Illustration aus Johann Jakob Bernets *Geschichtlichen Unterhaltungen* von 1829.
Kantonsbibliothek (Vadiana) St.Gallen

Die Mumie im barocken Bibliothekssaal

alten Ägypten, dürfte da höchstens der eine oder andere Ägyptologe bedauerlich finden.

Im Frühling 1835 bekam der Administrationsrat Post aus Konstanz. Der 80jährige Müller-Friedberg, der in der Stadt am Bodensee im Exil lebte, bot dem Katholischen Konfessionsteil als dem Besitzer der Stiftsbibliothek die Mumie und die zwei Särge zum Kauf an. Mit der Begründung, dass die Antiquitäten «der Bibliothek sehr wohl anstehen» und man dem alt Landammann damit eine «kleine Gefälligkeit» erweisen könne, beantragte der Administrationsrat, die Sachen für 440 Gulden zu kaufen, stiess beim Katholischen Grossratskollegium aber auf taube Ohren. Als Müller-Friedberg im April 1836 sein Angebot wiederholte, kam das Geschäft dann doch zustande. Stiftsbibliothekar Alois Fuchs erhielt am 11. Juli die Anweisung, «die Mumie und die zwei Särge als Eigentum in der Bibliothek sorgfältig aufzubewahren und in das Inventar aufzunehmen».

Eine Hauptattraktion der Stiftsbibliothek

Nun gehörte die Mumie mit ihren zwei Holzsärgen zu den Schätzen der Stiftsbibliothek. Einer der ersten Besucher, der sie hier gesehen hat, ist der österreichische Zisterzienser P. Florian Grün (1773–1834) aus dem Stift Stams in Tirol auf seiner Reise in die Schweiz 1823. In seine Tagebuchnotiz über die Antiquitäten aus Ägypten hat sich ein interessanter Fehler geschlichen. Grün schreibt, dass die Mumie «etwas schimlig» aussehe, «in den Zeiten des Klosters» habe man sie besser gepflegt. Zeitlich ist das natürlich völlig falsch: Die Mumie kam erst 15 Jahre nach der Aufhebung der Fürstabtei St.Gallen in die Stiftsbibliothek. Zur Stimmung des Textes passt es: Die Fürstabtei St.Gallen gibt es nicht mehr,

Das Krokodil aus «Egypten Land» im Naturmuseum. Seit 1623 kann das ausgestopfte Tier in St.Gallen bestaunt werden.
Naturmuseum St.Gallen

im Klostergebäude ist die Regierung des neugegründeten Kantons St.Gallen untergebracht.

Die Mumie wurde in der Stiftsbibliothek bald zu einer Hauptattraktion. Zur Freude der Bibliothekare? Im Jahresbericht von 1849 findet sich dazu eine interessante Passage. Thema ist der grosse Besucherandrang im vergangenen Sommer. «Kaum mag ein Sommer verlaufen sein, während welchem unsere Stiftsbibliothek so vielen Besuchern und Gästen geöffnet und vorgezeigt werden musste», schreibt Stiftsbibliothekar Leonhard Gmür. Zu verdanken hat man das seiner Meinung nach den besonderen Notizen in den Reisehandbüchern, dem Geschäftsfleiss der hiesigen Gasthöfe und der Nachbarschaft vielbesuchter Kurorte. Aber auch die ägyptische Mumie in ihren «unversehrten Windeln» und ihr mit «geheimnisvollen Hieroglyphen» beschriebener Sarg leisteten ihren Beitrag: «Eine Grosszahl der Besucher findet eben nichts Sonderbares und Interesse Erregendes an den vielen Büchern, wohl eher an der weissen Perlenschnur der rein erhaltenen Zähne des ägyptischen über 2000jährigen Leichnams. Es ist daher begreiflich, dass diese auch im abgelaufenen Jahr zahlreicheren Zuspruch erhalten hatte als selbst die Sammlung der Manuskripte». Eine makabre Kuriosität aus Ägypten macht den Leuten mehr Eindruck als die alten Manuskripte und der barocke Bibliothekssaal. Leonhard Gmür scheint das nichts weiter auszumachen: Es ist einfach so. Zwei seiner Nachfolger im 20. Jahrhundert sollten da anderer Meinung sein. Johannes Duft und Peter Ochsenbein beantragten, dass die Mumie aus dem Ausstellungssaal entfernt wird. Beide fanden bei den zuständigen Behörden kein Gehör: Die Mumie habe Tradition bald wie die Mönche, und wenn schon kein stilistischer, so sei doch immerhin ein sakraler Raumbezug gegeben. Wesentlich beeinflusst haben dürfte diesen Entscheid die Beliebtheit der Schepenese beim Publikum. Sie ist nicht nur bei den Touristen, sondern auch bei der einheimischen Bevölkerung ungemein populär. «Passt auf, morgen gehen wir in die Stiftsbibliothek und schauen uns die Mumie an.» – In wie vielen Schulzimmern und Stuben der Ostschweiz ist das nicht schon gesagt worden.

Doch zurück ins 19. Jahrhundert. Mit der wissenschaftlichen Untersuchung der Holzsärge und ihrer Inschriften ging es nur schrittweise vorwärts. Bereits 1820 – so erfährt man aus Scheitlins Festvortrag – untersuchte der bekannte Münchner Publizist und Gelehrte Josef Görres (1776–1848) bei einem Aufenthalt in St.Gallen die Antiquitäten, kam aber nicht weit. 1864 veröffentlichte Johannes Zündel (1813–1871), Altphilologe aus Bern, in der *Zeitschrift für ägyptische Sprach- und Altertumskunde* eine kurze Notiz. Auch dieser Beitrag brachte nicht viel; die Ägyptologie steckte noch immer in den Kinderschuhen. Zündel las den Namen der Toten als «Sepunisi», als mögliche, aber nicht sichere Übersetzung gab er «Sängerin der Isis» oder «Tänzerin der Isis» an. Im Sommer 1884 gab ein Ägyptologe bei seinem Besuch in der Stiftsbibliothek zu den Holzsärgen einige mündliche Auskünfte, ein anderer, Dr. F. von Niemeier in Alexandria, anerbot sich, sämtliche Figuren und Schriftzeichen zu erklären, wenn man ihm die entsprechenden Photographien zuschicke. «Auf gepflogene Diskussion», heisst es am 30. Dezember 1884 im Protokoll der Bibliothekskommission, «wird der Bibliothekar ermächtigt, diese Erklärungen von einem Sachkenner sich geben zu lassen». Ob etwas daraus geworden ist, ist nicht bekannt.

Am 27. Juni 1903 erschien im *St.Galler Tagblatt* ein Beitrag über die Mumie und ihre zwei Holzsärge. Autor war Alexander Dedekind, der Custos der Sammlung ägyptischer und assyrischer Altertümer des österreichischen Kaiserhauses. Der Text dürfte damals zu reden gegeben haben, im Zettelkatalog der Stadtbibliothek St.Gallen, der heutigen Kantonsbibliothek, bekam er jedenfalls ein eigenes Kärtchen. «In der Tat», konnte man in diesem Zeitungsbericht lesen, «war auch die Bewohnerin dieses Holzgehäuses eine vornehme Dame, deren Name und Titel bis zum 20. Juni 1903 unbekannt geblieben waren, und welche Ägypterin man bislang für eine 'ägyptische Königstochter' zu halten pflegte». Die Tote sei aber nicht die Tochter eines Pharaos, sondern eines Amon-Priesters. Ihren Namen übersetzte Dedekind mit «Scheta-en-Isi» («Geheimnis der Isis»), in zwei weiteren *Tagblatt*-Artikeln vom 22. und 23. September 1903 verbesserte er ihn in «Schanep-en-Isi» («Geschenk der Isis»).

Dass man die Mumie in der Stiftsbibliothek bis ins 20. Jahrhundert hinein als ägyptische Prinzessin ansah, berichtet auch die St.Galler Mundartdichterin Frieda Hilty-Gröbli (1893–1957) in ihrer Erzählung *S Liseli und d'Mumie*, die 1938 in der Unterhaltungsbeilage des *St.Galler Tagblatts* erschien: Liseli unternimmt mit ihren Freundinnen Marili und Agnes nach der Schule einen abenteuerlichen Ausflug in die Stiftsbibliothek, um die Mumie zu besichtigen. Die «ägyptische Königstochter» und die Welt der Mönche und Bücher machen auf das Mädchen grossen Eindruck. Abends, beim Stricken, hängt es allerlei Gedanken nach und fragt die Grossmutter, ob die Mumie, als sie klein war, auch habe stricken müssen. Das «heisse Ägypten» hat Liseli bisher nur aus einem Puzzle gekannt. Auf dem Bild sah man die Tochter des Pharao bei dem im Schilf angeschwemmten Korb mit dem kleinen Moses. Wenn gerade das die Königstochter in der Stiftsbibliothek wäre?

Vier Jahre vor Hilty-Gröblis Erzählung entstand die bisher umfangreichste Arbeit über die Mumie und ihre beiden Holzsärge. Verfasser ist der Luzerner Hugo Müller, der damals an der Universität Berlin Ägyptologie studierte. Seine Lesung des Namens, «Schep-en-ese», ist die bis heute gültige. Mit dessen Erklärung ist Müller vorsichtiger als seine Vorgänger: «Der Name gibt irgendeine Beziehung zur Göttin Isis an».

Medienrummel um Pilzbefall

Im Herbst 1993 sorgte die Mumie landesweit für Schlagzeilen. Sie wurde während fünf Wochen in der Ausstellung *Mumien aus Schweizer Museen* im Kulturama in Zürich gezeigt. Hier stellten Experten einen Pilzbefall fest. Da grundsätzlich nicht auszuschliessen war, dass es sich bei dem Pilz um den *Aspergillus niger* handelte, der in der Vergangenheit als «Fluch der Pharaonen» den Tod mehrerer Archäologen und Grabräuber verursacht hatte, wurde die Mumie nach dem Ende der Ausstellung direkt von Zürich ins Anthropologische Forschungsinstitut von Dr. Bruno Kaufmann nach Aesch BL gebracht. Der Medienwirbel, den diese Entdeckung auslöste, war enorm. Sogar das Schweizer Fernsehen griff das Thema mehrmals auf. In Aesch verlangte das kantonale Amt für Umweltschutz, dass die Arbeiten an der Mumie aus Sicherheitsgründen erst nach dem Vorliegen der Pilzbestimmung erfolgen dürften. Anfang Februar 1994 kam aus den Labors der Ciba-Geigy in Basel die Entwarnung: die beiden Pilze waren harmlos. Man tötete sie mittels Röntgenbestrahlung ab. Die Mumie und der Glassarg wurden gereinigt und desinfiziert. Gleichzeitig wurde sie und die Textilien, in welche sie eingewickelt war, untersucht.

Am 15. Juni 1994 wurde die Mumie in die Stiftsbibliothek zurückgebracht. Ein Zug von Touristen, Schaulustigen, Schulkindern und Journalisten

Mumienwitz

Eines Tages sollte die Mumie Schepenese wieder zum Leben erweckt werden. Sie wurde ins Kantonsspital verbracht und dort behutsam auf einen Operationstisch gelegt. Doktoren und Professoren, die ehrwürdigsten Koryphäen der Medizin, umstanden sie und machten sorgfältig Wiederbelebungsversuche. Sie sprachen ihr gut zu und beträufelten sie mit auserlesensten Essenzen. Da – auf einmal kehrte Farbe in ihr Antlitz zurück. Sie öffnete die Augen, richtete sich langsam auf, blickte verwundert in die Runde und fragte mit leiser Stimme: «Ist Adenauer immer noch Bundeskanzler?»

Mit diesem Witz pflegte im Sommer 1959 Hardy Notter jeweils seine Führungen durch die Stiftsbibliothek zu beenden – zum Gaudium vor allem der deutschen Touristen und zur Aufbesserung des Trinkgelds. Der Jurist war damals Student und absolvierte in der Bibliothek ein Praktikum.

Die Mumie im barocken Bibliothekssaal

folgte dem Sarg vom Klosterhof die Treppen hinauf in den Bibliothekssaal. Fotoapparrate klickten, Kameras surrten ... Wir wollen die Geschichte der Schepenese aber nicht mit dem Rummel dieses 15. Juni enden lassen. Das Schlusswort soll Hugo Müller gehören: «Und wenn der Besucher der Toten einen grossen Dienst erweisen will, dann soll er ganz leise ihren Namen 'Schep-en-ese' aussprechen. In allen Grabinschriften bitten die alten Ägypter den Besucher nämlich um diesen Dienst: denn der Name ist bei ihnen etwas Magisches, und nur wenn er lebendig ist im Munde der Lebenden, kann sein Träger weiter leben im Jenseits».

Mumien im Abendland

Die Stiftsbibliothek St.Gallen ist natürlich nicht der einzige Ort in Europa, wo es eine ägyptische Mumie zu besichtigen gibt. In Christine El Mahdys Buch *Mummies, Myth and Magic* (1989) findet man dazu einen ganzen Katalog. Er reicht von Athen bis Dublin, von Budapest bis Avignon. Wie kamen diese Mumien nach Europa?

Das Interesse der Europäer an den einbalsamierten Leichnamen war zunächst vor allem ein medizinisches. «Mumia» galt seit dem Hochmittelalter als vielseitig verwendbares Heilmittel. Das Wort «mumia» stammt aus dem Persisch-Arabischen und bezeichnet ursprünglich Bitumen, ein schwärzliches Erdpech, das in der Antike als besonders heilkräftiges Medikament galt. Weil dieses Erdpech selten und entsprechend teuer war, suchten die arabischen Ärzte des Mittelalters nach einem Ersatzstoff und fanden ihn in der Masse aus Harzen, Salbölen und Bitumen, das aus den Körperhöhlen von einbalsamierten Toten

Schepenese, die heimliche Hauptattraktion der Stiftsbibliothek, am 15. Juni 1994.
St.Galler Tagblatt

aus dem alten Ägypten gewonnen werden konnte. Bis zur Verwendung von zermahlenen, schwärzlichen Mumienteilen war es da nur ein kleiner Schritt. Verwendet wurde Mumia unter anderem bei Knochenbrüchen, Quetschungen, Lähmungen, Magenschwächen, Migräne und Leberschäden. Den Weg ins Abendland fand das Mumienpulver über die klassischen Vermittlungszentren der arabisch-griechischen Medizin: Spanien und Süditalien.

Vor allem im 16. und 17. Jahrhundert war Mumia in Europa als Heilmittel heiss begehrt. Ägypten betrieb mit seinen einbalsamierten Leichnamen einen schwungvollen Handel. Auf Eseln und Kamelen wurden ganze Wagenladungen von Mumien nach Alexandria gebracht, wo sie nach Venedig, Marseille und Lyon geschifft wurden. Zeitweise trieb die enorme Nachfrage die Preise derart in die Höhe, dass sich sogar das Fälschen lohnte. So erzählt Guy de la Fontaine, der berühmte Leibarzt des Königs von Navarra, er habe 1564 in Alexandria einen jüdischen Mumienhändler besucht, der ihm lachend erklärt habe, von seinen 40 Mumien im Warenlager sei keine älter als vier Jahre. Er habe sie alle selber mumifiziert, bei den meisten handle es sich um ehemalige Sklaven. Für die Apotheker, die in Europa aus Leichen von Hingerichteten Mumienpulver herstellten, ist «Fälscher» hingegen nicht unbedingt das richtige Wort: Hatte nicht sogar Paracelsus erklärt, dass man zuhause billigere und bessere Mumia bekommen könne als in den fernen Wüsten Afrikas, und entsprechende Rezepte publiziert? Allerdings waren nicht alle Ärzte und Apotheker von der Heilwirkung überzeugt. 1579 veröffentlichte beispielsweise Ambroise Paré, einer der grossen Chirurgen des 16. Jahrhundert, einen *Discours contre la Momie*. Die Polemik gegen das obskure Heilmittel nützte freilich wenig: Mumia verschwand erst im

Holzbüchse für Mumienpulver, 18. Jahrhundert.
Pharmazeutisch-Historisches Museum Basel.

Die Mumie im barocken Bibliothekssaal 19

20. Jahrhundert aus unseren Apotheken. Von den ägyptischen Mumien, die auf diese Weise nach Europa kamen, sind heute nur noch Bruchstücke erhalten. Die einzig vollständige befindet sich in Lübeck und stammt aus der dortigen Ratsapotheke. In der Hansestadt ist sie seit mindestens 1652. Der Apotheke hat sie vermutlich nur zu Schau- und Reklamezwecken gedient.

Gesucht waren Mumien aber auch als Kuriositäten. Bereits im 16. Jahrhundert wurden sie öffentlich ausgestellt. So berichtet Philippus Camerarius in seinen 1591 erschienenen *Operae horarum subcisivarum* von einem Kaufmann, der in Deutschland eine weibliche Mumie gegen Geld gezeigt habe. Als Sammelobjekte findet man Mumien in den Naturalien- und Raritätenkabinetten, den Vorläufern der im 19. Jahrhundert aufkommenden naturhistorischen, archäologischen und völkerkundlichen Museen. Die Masse an Seltsamkeiten und Naturwundern, die in diesen Kabinetten angehäuft waren, ist erstaunlich. Da gab es ausgestopfte Krokodile, Haifischzähne und Antilopenhörner, Straussenfelle und Mammutknochen, Globen und Fernrohre, Mineralien, in Spiritus eingelegte Missgeburten – die Liste liesse sich fast endlos fortsetzen. Sinn der Sammmelsurien war es, gewissermassen die Vielfalt der Welt wiederzuspiegeln. Auch die Stiftsbibliothek St.Gallen besass seit dem 17. Jahrhundert ein solches Raritätenkabinett.

Für die in Ägypten verbliebenen Mumien begannen 1798/99 unruhige Zeiten. Napoleon nahm auf seinen Ägyptenfeldzug einen Tross von Wissenschaftlern, Ingenieuren und Künstlern mit und leitete damit die moderne Erforschung des alten Ägypten ein. Die wissenschaftliche und künstlerische Ausbeute des Feldzuges erschien 1809–1813 als *Description de l'Égypte* auf dem

Die Mumie im barocken Bibliothekssaal

Buchmarkt, ein kunsthistorisches Inventar in 24 verschwenderisch ausgestatteten Folianten. Europa wurde von einer Ägyptomanie erfasst. Das Land am Nil begann Scharen von Ausgräbern, Händlern, Sammlern, Touristen und Künstlern anzuziehen. Die Begeisterung für alles Ägyptische machte selbst vor den Leichnamen in den Grabkammern nicht halt: Mumien wurden zu einem beliebten Sammelobjekt für Museen und Privatleute.

Viele der in private Hände gelangten Mumien gingen durch unsachgemässe Behandlung zugrunde, andere zersetzten sich in unserem feuchten Klima. Die, die überdauert hatten, wurden später Museen oder Institutionen zum Geschenk gemacht. Wie schon im 18. Jahrhundert wurden zum Teil öffentliche Mumienauswicklungen veranstaltet. Die meisten hatten jahrmarktähnlichen Charakter. Es gab aber auch schon Wissenschaftler, die sich um eine exakte Untersuchung bemühten. Der berühmteste ist der Chirurg und Anatomieprofessor Thomas Joseph Pettigrew in London. Als Auswertung seiner Untersuchungen veröffentlichte er 1834 eine *History of the Egyptian Mummies*. Das Buch gilt als erste umfassende Studie über Mumien und ist bis heute von grossem wissenschaftlichem Wert.

In die Schweiz gelangten im 19. Jahrhundert eine ganze Reihe von ägyptischen Mumien. Allein das Musée Cantonale d'Archéologie et d'Histoire in Lausanne besitzt neun Exemplare. Zwei sind ein Geschenk der Gebrüder Dantz aus Konstantinopel, die Anfang des 19. Jahrhundert an der alten Akademie in Lausanne studierten. Nach ihrer Rückkehr schickten sie 1822 die beiden Mumien in die Schweiz. Gekauft hatten sie sie vermutlich auf dem Markt in Konstantinopel, wo ägyptische Mumien keine Seltenheit gewesen sein dürften.

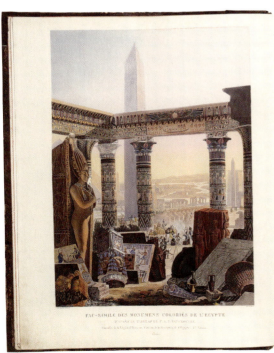
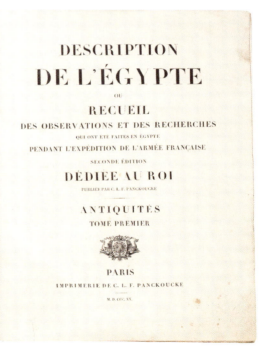

Die Titelseite des ersten Bands der *Description de l'Égypte*. Politisch und militärisch ist Napoleons Ägyptenfeldzug von 1798 gescheitert, wissenschaftlich und künstlerisch nicht.
Stiftsbibliothek St.Gallen

Die Mumie im barocken Bibliothekssaal

Die Stadt St.Gallen kam 1957 zu einer zweiten Mumie. Sie war ein Geschenk des Kantons Glarus an die Völkerkundliche Sammlung des Historischen Museums. Nach Glarus waren Mumie und Sarg um 1900 gekommen: als Geschenk des Konsuls Siegrist in Kairo, eines geborenen Glarners. Keinen weiteren Sarg, aber immerhin Totenfigürchen aus einem altägyptischen Versteck bekam die Stadt St.Gallen 1894 aus einem grossen Fund in Deir el-Bahari. Der Vizekönig von Ägypten hatte aus dem reichen Fundmaterial Geschenksendungen für Museen in Europa und Amerika zusammenstellen lassen, um sich einigen befreundeten Regierungen erkenntlich zu zeigen. Die Schweiz kam auf diesem Weg in den Besitz von «7 Kisten Altertümern» im Gewicht von 770 Kilogramm. Darin verpackt waren 4 Särge und 46 Totenfigürchen. Der Bundesrat bedankte sich mit einem Gegengeschenk «made in Switzerland»: zwei Ordonnanzgewehren mit je 500 Schuss und einem gebundenen Exemplar des *Topographischen Atlas der Schweiz* von General Henri Dufour. Die Särge liess er in der ganzen Schweiz verteilen: Sie gingen nach Bern (Historisches Museum), Genf (Musée d'Art et d'Histore), Neuenburg (Musée Ethnographique) und Appenzell (Heimatmuseum), die Totenfigürchen teilten sich Bern und St.Gallen.

Literatur

1. Handschriftliche Quellen

Kantonsbibliothek (Vadiana) St.Gallen
> Nachlass Peter Scheitlin, Ms. 5, 69 aᵛ, Ms. 7, 7 und 9–13

Katholische Administration St.Gallen
> Protokolle des Katholischen Administrationsrats

Stiftsbibliothek St.Gallen
> Akten zur Mumie
> Protokolle der Bibliothekskommission

2. Gedruckte Quellen und Literatur

BERNET, JOHANN JAKOB. *Geschichtliche Unterhaltungen*. Bd. 2. St.Gallen 1829.

«Cadeau de deux étudiants: Les Momies chachées du Palais de Rumine».
> In: *24 heures*, 21. April 1981.

FÄH, ADOLF. *Die Stiftsbibliothek in St.Gallen: Der Bau und seine Schätze*.
> (Neujahrsblatt des Historischen Vereins des Kantons St.Gallen 69).
> St.Gallen 1929.

FÄSSLER, OSKAR. *Professor Peter Scheitlin von St.Gallen, 1779–1848*.
> St.Gallen 1929.

GERMER, RENATE. *Die Mumie im Forum der Völker: Dokumentation der Restaurierung*. Weil 1995.

DIES. *Mumien: Zeugen des Pharaonenreiches*. München 1991.

DIES. «Die Wiederentdeckung der Lübecker Apotheker-Mumie».
> In: *Antike Welt 1995*, 1, 17–28.

HORNUNG, ERIK. «Der ägyptische Sarg im Heimatmuseum Appenzell».
> In: *Innerrhoder Geschichtsfreund*, 28, 1984, 31–39.

MÜLLER, HUGO. *Bericht über die ägyptische Mumie in der Stifts-Bibliothek St.Gallen*. Typoskript. Berlin 1934.

MÜLLER, PETER. «Das Gruselobjekt aus dem alten Ägypten». In: *Saiten: St.Galler Kulturmagazin*, Juni 1998.

RAABE, PAUL (Hrsg.). *Öffentliche und private Bibliotheken im 17. und 18. Jahrhundert: Raritätenkammern, Forschungsinstrumente oder Bildungsstätten?* (Wolfenbütteler Forschungen 2). Bremen 1977.

RACEK, MILAN. *Die nicht zur Erde wurden...: Kulturgeschichte der konservierenden Bestattungsformen*. Wien 1985.

DERS. *Mumia Viva: Kulturgeschichte der Human- und Animalpräparation*. Graz 1990.

SCHMUKI, KARL. «Die Klosterbibliothek St.Gallen als Kuriositätensammlung».
> In: DERS. und CORNEL DORA. *Ein Tempel der Musen: Die Klosterbibliothek von St.Gallen in der Barockzeit*. St.Gallen 1996, 40–52.

SPAHR, KOLUMBAN. «Eine Reise von Stams in die Schweiz im Jahre 1823».
> In: *Cistercienser Chronik* 77, 1970.

STAHLBERGER, PETER. «Wie wird St.Gallen die Mumie wieder los». In: *Tagesanzeiger*, 5. April 1983.

ZIEGLER, ERNST. «Diss greulich Thier, den Crocodil». In: *Appenzeller Zeitung*, 24. Juli 1974.

Die Mumie und die Särge der Schepenese *Renate Siegmann*

Die Mumie der Schepenese und ihre Särge, umgeben von mittelalterlichen Handschriften und Rokokoputten, üben seit ihrem Eintreffen in St.Gallen im Jahre 1820 eine besondere Anziehungskraft auf die Besucher der Stiftsbibliothek aus. Schepenese ruht heute in einem gläsernen Biedermeiersarg, den mit feinen Leinenbinden umwickelten Leichnam bedeckt ein blassrotes, mit Saflor, der Färberdistel (Blüten von Carthamus tinctorius L.), eingefärbtes Tuch von besonderer Qualität. Dieses verhüllte ursprünglich auch Schultern und Kopf der Mumie und war mit Bändern aus naturfarbenem Leinen auf dem Körper fixiert, was ihm das Aussehen eines verschnürten Paketes verlieh.[1] Auf der Brust befand sich ein heute verlorenes Netz aus blauen Fayenceperlen. Die Mumie lag bei ihrer Ankunft in dem mit Stuck überzogenen, bemalten und beschrifteten Innensarg aus Sykomorenholz, den der massive Aussensarg aus Tamariske umgab.

Diese bekanntesten und wohl frühesten ägyptischen Ausstellungsstücke der Schweiz fanden in Fachkreisen nicht dieselbe Wertschätzung wie beim Publikum. Daher unterblieb bisher eine umfassende wissenschaftliche Bearbeitung.

Abb. 1 Innensarg der Schepenese. Der Kopf ist wie eine Mumienmaske gearbeitet. Das Gesicht wird umrahmt von den Flechten der Perücke, die Geierhaube als Kopfbedeckung symbolisiert die Gleichstellung mit den Göttern. Auf dem Scheitel ist ein Skarabäus eingezeichnet (vgl. Abb. 15).
Stiftsbibliothek St.Gallen

Schepenese: eine Übersicht

Name	Schepenese (Schep (?) von der Göttin Isis)
Titel	Herrin des Hauses (Bezeichnung für eine verheiratete Frau)
Vater	Pestjenef (Ihr [einer Göttin] Tänzer)
Titel	Gottesvater des Amun (Priestertitel)
Mutter	Tabes (Die zum Gott Bes Gehörige)
Titel	Herrin des Hauses
Gesellschaftsschicht	Angehörige einer Familie der einflussreichen thebanischen Amunpriesterschaft; möglicherweise verwandt mit der bekannten Priester- und Politikerfamilie Besenmut
Lebenszeit	Anfang 26. Dynastie (um 650–610 v.Chr.)
Datierung	– Innensarg: Sykomore, 610 +/-40 v.Chr.
	– Mumienbinden: 610 +/- 40 v.Chr.
	– Aussensarg: Tamariske, 1060 +/-40 v.Chr.
Alter der Schepenese	etwas mehr als 30 Jahre
Herkunft der Särge/Mumie	Theben-West, vermutlich aus dem Versteck in der Hathorkapelle des Hatschepsuttempels (Deir el-Bahari)
Käufer	Philipp Roux als Geschenk für Karl Müller-Friedberg

In der Stiftsbibliothek St.Gallen seit 1820 als Leihgabe, 1836 käuflich erworben. Die beiden hölzernen Doppelsärge und die Mumie des mutmasslichen Vaters der Schepenese, Pestjenef, befinden sich in der ägyptischen Sammlung der Staatlichen Museen zu Berlin (Inv. Nr. 51–53).[2] Heinrich von Minutoli, Gesandter des preussischen Königs in Ägypten, hatte sie um 1820 dort gekauft.

Zeittafel

Die ägyptische Hochkultur bestand während 3000 Jahren (ca. 3000 v.Chr. – 332 v.Chr.). Ihr zeitlicher Ablauf ist gesichert durch astronomische Daten, Königslisten, Angaben zur Länge einer Regentschaft, archäologische Feldarbeit und antike Autoren.

Als Alexander der Grosse im Jahre 332 v.Chr. dem pharaonischen Ägypten ein Ende setzte, zählte man 31 Dynastien (Herrscherhäuser).

Übersicht

Frühzeit (1.–2. Dyn.)	3000–2700
Altes Reich (3.–8. Dyn.)	2700–2150
1. Zwischenzeit (9.–10. Dyn)	2150–2000
Mittleres Reich (11.–14. Dyn.)	2000–1650
2. Zwischenzeit (15.–17. Dyn.)	1650–1550
Neues Reich (18.–20. Dyn.)	1550–1070
18. Dyn.: Hatschepsut (1479–1458/57)	
19. Dyn.: Ramses II. (1279–1213)	
3. Zwischenzeit (21.–25. Dyn)	**1070–664**
Spätzeit (26.–31. Dyn.)	**664–332**
Regierungsdauer der 26. Dyn (664–525)	
Psammetich I. (664–610)	
Alexander der Grosse/Ptolemäer	332–30
Römer	ab 30 v.Chr.

Die politische Situation Ägyptens während der 3. Zwischenzeit (um 1070–664 v.Chr.) und zu Beginn der Spätzeit (ab 664 v.Chr.)

Der Übersichtlichkeit halber sollen die Begriffe 3. Zwischenzeit/Spätzeit in diesem Buch generell als Spätzeit bezeichnet werden. Kennzeichnend für diesen Zeitabschnitt sind schwerwiegende politische und wirtschaftliche Veränderungen. Ägypten verliert seine Besitzungen in Vorderasien und mit Nubien im Süden die wichtigen Goldminen. Das ägyptische Weltreich hat damit aufgehört zu existieren.

Innenpolitisch zerfällt der Staat de facto in zwei Teile. Die offizielle Königsresidenz liegt im Norden des Landes, dort streiten sich rivalisierende und fremde Machthaber um den Thron. Es sind dies libysche Stammeshäuptlinge und nubische Könige (die Äthiopen der antiken Schriftsteller). Religiös und kulturell fühlen sich die neuen Herren als Ägypter, die alten Götter bleiben unangetastet. Im Süden mit der ehemaligen Reichshauptstadt Theben regiert Amun, der König der Götter, durch Orakelentscheide. Die Leitung dieses sogenannten Gottestaates liegt zunächst in den Händen der Hohenpriester des Amun, die somit zur wichtigen politischen Kraft werden und allmählich die Kompetenzen des Pharao im südlichen Teil Ägyptens übernehmen. Um den theokratischen Staat an das Königshaus zu binden und die Machtansprüche der Priester-Könige einzuschränken, wird die Statthalterschaft über die Thebais nun Königstöchtern aus dem jeweils regierenden Herrscherhaus übertragen. Sie führen den Titel einer 'Gottesgemahlin des Amun' und sind, keinem irdischen Gemahl verbunden, ausschliesslich diesem Gott unterstellt. Ihre Autorität

Die Mumie und die Särge der Schepenese

und ihr gesellschaftlicher Status reichen in vielerlei Hinsicht an den Rang des Pharao heran. Ihr Amt geben sie durch Adoption weiter.

671 v.Chr. fallen die Assyrer in Ägypten ein. Ihr Ziel, die Vertreibung der nubischen Herrscher, lässt sie nach Theben vorstossen, das sie ausplündern. Um 660 v.Chr. erkämpft Psammetich I., der einem libyschen Fürstengeschlecht aus Sais im nordwestlichen Delta entstammt, die Unabhängigkeit, sichert sich die Oberherrschaft über ganz Ägypten und begründet die 26. Dynastie. Es beginnen lange, friedliche Jahre für Ägypten. In diese Zeit wird Schepenese als Tochter des thebanischen Amunpriesters Pestjenef hineingeboren.

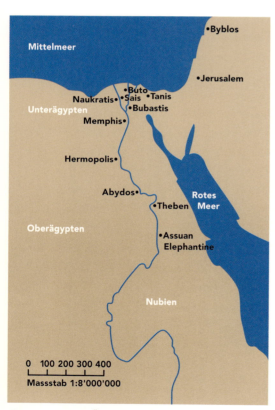

Abb. 2   Landkarte Ägyptens während der 3. Zwischenzeit/Spätzeit.

1 Die Mumie

1.1 Die Mumifizierung im alten Ägypten

Die Mumifizierung der Leichname bei den Ägyptern beruhte ursprünglich nicht auf einer kunstvollen Balsamierung, sondern ist auf das trockene Klima des Landes sowie die chemische Beschaffenheit des Wüstensandes zurückzuführen. So waren in prähistorischer Zeit die Toten in seitlicher Hockerlage in ovalen Gruben direkt im Wüstensand beigesetzt worden, wo sie rasch austrockneten und hervorragend konserviert wurden.

Mit dem Fortschreiten der Zivilisation, der Bestattung der Toten in Särgen und dem besseren Schutz der Gräber trat der gegenteilige Effekt ein: Die Körper zerfielen. Gemäss ägyptischer Jenseitsvorstellung war aber ein unversehrter Körper für ein Weiterleben nach dem Tod notwendig. Das Problem, den Leichnam nun künstlich zu erhalten, stellte sich mit grosser Dringlichkeit. Zwei Verfahren brachten den Erfolg: 1. das Entfernen der inneren Organe und 2. die Austrocknung des Körpers unter einer Schicht von Natronsalz. Exotische Materialien wie Salböle und harzartige Substanzen hatten dagegen untergeordnete Bedeutung.

Aus einzelnen unvollkommenen Versuchen etwa um 2600 v.Chr. entwickelte sich die Mumifizierung zur vollendeten Technik. Ihren höchsten Stand erreichte sie an der Wende zum ersten Jahrtausend v.Chr. Um den Toten ein möglichst lebensnahes Aussehen zu geben, versah man sie mit Perücken und künstlichen Augen, die eingeschrumpfte Haut wurde mit Hilfe von Schlamm, Sägespänen oder Sand aufgepolstert und mit Farbpigmenten eingerieben. Danach wurde die Kunst des Balsamierens immer mehr vernachlässigt, die Aufmerk-

Abb. 3 Vordynastisches Begräbnis, Gebelein, Naqada-II-Kultur, Mitte 4. Jt. v. Chr. Der wegen seiner Hautfarbe heute Ginger genannte Mann ist direkt im heissen Wüstensand beigesetzt worden. Durch rasches Austrocknen wurde der Körper auf natürliche Weise konserviert.
British Museum, London, EA 32751

samkeit galt nun der äusseren Verpackung: den kunstvollen Mustern der obersten Leinenwicklung und der porträtähnlichen Gestaltung des Gesichtes in Form von Gipsmasken oder bemalten Holztafeln. Ein besonderer Schmuck der römerzeitlichen Mumien bestand in der Vergoldung von Gesicht und gelegentlich auch anderer Körperteile mit Hilfe winziger Goldplättchen. Dieser Brauch versinnbildlichte die Unsterblichkeit der Person, ihre Gleichsetzung mit den Göttern, deren Fleisch, wie es heisst, aus Gold beschaffen ist.

Die Präparierung des Leichnams

Ein Handbuch der Mumifizierung aus dem alten Ägypten gibt es nicht, lediglich Papyri über die sie begleitenden Rituale und Sprüche. Eine äusserst präzise Beschreibung des Vorgangs liefert uns der griechische Geschichtsschreiber und Augenzeuge Herodot (um 450 v.Chr., vgl. S. 61). Ergänzt durch die neuesten wissenschaftlichen Mumienforschungsprojekte ergibt sich folgendes Vorgehen:

Das Gehirn: Seine Funktion war den Ägyptern unbekannt. Als Eingeweide ohne Bedeutung wurde es entweder mit Hilfe langer Bronzenadeln durch den Nasenkanal gezogen oder durch ein Loch im Hinterhaupt entleert. Anschliessend gossen die Balsamierer eine flüssige Salbölmasse, bestehend aus Koniferenharzen, Bienenwachs, aromatischen pflanzlichen Ölen und gelegentlich Bitumen, in den Schädel.

Die Eingeweide: Durch einen Schnitt in der Leistengegend öffnete der Balsamierer den Körper und holte die Eingeweide heraus. Magen/Darm, Leber, Milz und Lunge sind immer entfernt worden, selten die Niere. Das Herz, Sitz von Gefühl und Verstand, galt als unverwechselbare Persönlichkeit des Toten und wurde im Körper belassen.

Abb. 4 Eingeweidekrüge, sogenannte Kanopen. Die Eingeweide wurden aus dem Körper entnommen, mit Hilfe von Natronsalzen dehydriert, in Tücher gewickelt und in den Kanopenkrügen versorgt oder in den Körper zurückgelegt. Vier Schutzgötter wachen über sie: der falkenköpfige Kebehsenuef über Magen/Darm, der pavianköpfige Hapi über die Milz, der menschenköpfige Amset über die Leber, der schakalköpfige Duamutef über die Lunge.
Umzeichnung nach Fatma Erbudak durch Martin Zimmermann

Herzskarabäus

Der Herzskarabäus aus Stein oder Fayence kam als Amulett auf oder in die Brust der Toten zu liegen. Seine flache Unterseite enthält Spruch 30 B aus dem Totenbuch, in dem die/der Verstorbene ihr/sein Herz ermahnt, nicht gegen sie/ihn auszusagen. Während die/der Verstorbene beim Totengericht ihre/seine Unschuld beteuert, wird das Herz in die Schale einer Standwaage gelegt und gegen eine Feder, das Schriftzeichen für die Göttin Maat, die Wahrheit, aufgewogen.

Totenbuchspruch 30 B

«Mein Herz meiner Mutter,
mein Herz meiner Mutter,
mein Herz meiner wechselnden Formen –
Stehe nicht auf gegen mich als Zeuge,
tritt mir nicht entgegen im Gerichtshof,
mache keine Beugung wider mich vor dem Wägemeister!»

Die Eingeweide wurden in Natron gelegt, nach der Dehydration in Leinentücher gewickelt und in speziellen Krügen, den sogenannten Kanopen, versorgt oder in die Körperhöhle zurückgelegt. Die Organe standen unter der Obhut von vier Göttern, den Horuskindern: Kebehsenuef, Hapi, Amset, Duamutef (vgl. Abb. 4).

Austrocknungsverfahren und Ausstopfen: Nun wurde der Körper seiner wichtigsten Behandlung unterzogen. Für dreissig bis vierzig Tage ruhte er unter Lagen von trockenem Natronsalz, nachdem man zuvor Finger- und Fussnägel festgebunden hatte. Anschliessend rieben die Balsamierer die Haut mit wohlriechenden Salbölen ein, um sie wieder geschmeidig zu machen. Die Körperhöhle füllten sie mit in Harz getränkten Leinenbündeln, Sägespänen aus aromatischem Koniferenholz oder Duftflechten. Nach dem Verschliessen der Leiste, auf die ein Amulett zu liegen kam, begann das *Einbandagieren*. Harzgetränkte Leinenbinden dienten der Umwicklung jedes einzelnen Fingers, der Zehen, dann der Beine und Arme, schliesslich des gesamten Körpers. Zwischen die Binden wurden Amulette geschoben, um die Mumie mit magischem Schutz auszustatten. Wichtigster Talisman war der Herzskarabäus auf der Brust des Verstorbenen.

Königliche Mumien erhielten goldene Finger- und Zehenhülsen sowie goldene Sandalen. Zum Abschluss wurde die Mumie in ein Tuch geschlagen und mit breiten Zierbinden umwickelt. Über Kopf und Hals wurde eine Mumienmaske aus Kartonage, Leinwand oder Stuck, bei Königen aus Gold oder Silber, gezogen. Die Maske kam in der Spätzeit (die Zeit der Schepenese) für einige Jahrhunderte ausser Mode. Jetzt bedeckte ein Netz aus blauen Fayenceperlen, oft mit eingearbeiteten Schutzgottheiten und geflügeltem Skarabäus, das äussere Grabtuch (vgl. Abb. 28).

Abb. 5 Herzskarabäus aus grünlichem Schiefer, auf der Unterseite, sehr abgerieben, Spruch 30 B aus dem Totenbuch. Der Name des Besitzers (Zeile 1) ist noch nicht eingraviert.
Schweizer Privatbesitz, unveröffentlicht, Robert R. Bigler

Die Mumie und die Särge der Schepenese

1.1.2 **Die Bestattung**

Die ineinandergeschachtelten Särge wurden auf einem Schlitten durch den Sand zum fertiggestellten Grab in der Nekropole gezogen, die vorzugsweise auf der Westseite des Nils, bei der untergehenden Sonne lag. Ihnen folgten die Trauerfamilie mit den Trägern des Grabinventars, Priester, Klagefrauen und Tänzer.

Vor dem Grabeingang vollzog man an der Mumie eine letzte wichtige Zeremonie: das Mundöffnungsritual. Unter ständiger Rezitation von Sprüchen berührte der Totenpriester Mund, Nase und Augen der/des Verstorbenen mit einem besonderen Gerät, um ihnen magisch ihre vitalen Funktionen wiederzugeben. War die/der Tote in der Sargkammer untergebracht und ihr/sein Hausrat verstaut, wurden die Fussspuren verwischt, das Grab zugemauert und versiegelt. Während der Körper der Erde verhaftet blieb, konnte nun die Ba-Seele – dargestellt als Vogel mit Menschenkopf – auffliegen, um am Himmel im göttlichen Sonnenschiff mitzufahren. Eine letzte Prüfung, um dauerhaft in die Ewigkeit eingehen zu können, stand der/dem Verstorbenen noch bevor: die Verantwortung für ihr/sein irdisches Tun vor dem Totengericht des Osiris.

1.2 **Die Mumie der Schepenese**

Konventionelles Röntgen und Computertomographie

Mit grosser Spannung umstanden die Beteiligten den Bildschirm, als Schepenese am 4. Juni 1996 an der Orthopädischen Universitätsklinik Balgrist in Zürich unter Leitung von Thomas Böni, Arbeitsgruppe für klinische Paläopathologie, konventionell geröntgt und anschliessend in den Computertomo-

Abb. 6 Schepenese bei der Untersuchung im Computertomographen.
Orthopädische Universitätsklinik Balgrist, Zürich

graphen geschoben wurde. Der Vorteil dieser Methoden liegt in ihrer Nichtinvasivität, d.h. sie erlauben ohne jegliche Beschädigung Nachweise über die angewandte Mumifizierungstechnik, die Beschaffenheit des Skelettes bei Eintritt des Todes, eventuelle Krankheiten oder degenerative Veränderungen. In seltenen Fällen lässt sich die Todesursache ermitteln.

Schepenese verblieb also im Sarg, nur der gläserne Deckel musste abgeschraubt werden.

1.2.1 Die Arbeit der Balsamierer

Schepeneses Körper ist mit grösster Sorgfalt behandelt worden. Das Gehirn wurde durch die Nase entfernt. An der Schädelbasis findet sich im Bereich der Siebbeinzellen ein grösserer, linksseitiger Defekt. Er entspricht dem von den Balsamierern mittels Haken geschaffenen Zugangsweg von der Nase in den Schädel. Der Hirnschädel ist leer und nicht mit Salbölen ausgegossen. In den Augenhöhlen lässt sich röntgendichtes Füllmaterial feststellen (harzgetränkte Leinenbäusche?).

In der linken Leistengegend zeigt sich eine Verletzung der Bauchwand. Es handelt sich um den von den Balsamierern zur Organentnahme angelegten Einschnitt. Der obere Brustraum ist luftgefüllt. Rechts und links der Wirbelsäule sind in einem Bodensatz von Salbmasse zwei stark röntgendichte, faustgrosse Pakete zu erkennen, welche vermutlich Organe enthalten – die Struktur von einwickelnden Leinentüchern ist nicht erkennbar. Hinter dem Brustbein befinden sich Organreste von Speiseröhre, Luftröhre, den grossen Gefässen oder dem Herzen. Den unteren Brust- und ganzen Bauchraum füllt eine schwach röntgen-

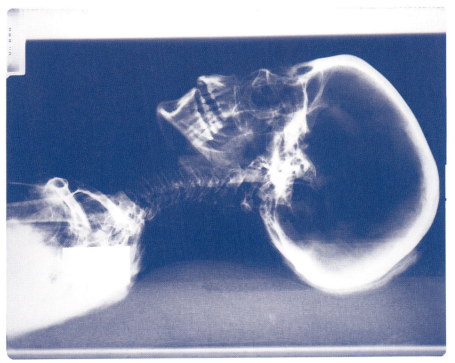

Abb. 7 Der leere Hirnschädel im Röntgenbild. Die Verschattung am Hinterkopf wird hervorgerufen durch eine kappenartige Auflagerung von Balsamierungssubstanz aussen am Kopf. Deutlich sichtbar: die abgeschliffenen Zahnkronen.
Stiftsbibliothek St.Gallen

dichte Masse aus, das Stopfmaterial dürfte aus Sägespänen oder ähnlichem bestehen. Im kleinen Becken ist ein mit Salbölen gefüllter Enddarm verblieben.

Die Arme liegen entlang des Körpers, die Hände ruhen flach auf den Oberschenkeln. Amulette wurden keine gefunden.

1.2.2 Paläopathologischer Befund

Das Skelett ist hervorragend erhalten. Der Schädel zeigt weder Verletzungen noch krankhafte Veränderungen. Keine Abnützungserscheinungen sind an Hals-, Brust-, Lendenwirbelsäule und Kreuzbein festzustellen. Die Schulterregion, das Becken und die Hüfte sind unauffällig, die Hüftgelenke zeigen keine Fehlstellung oder Arthrose.

Untere Extremitäten: Im unteren Drittel des rechten Oberschenkels ist eine scharf begrenzte Frakturlinie auf einen postmortalen Bruch zurückzuführen. Etwa 15 cm oberhalb davon findet sich eine Läsion in Form eines zylinderförmigen Loches (mit einem Durchmesser von 1,2 cm und einer Tiefe von 3 cm), die im Rahmen einer Biopsie durch Bruno Kaufmann 1994 entstanden ist.

Über den Knien beidseits sind Harrislinien sichtbar – Anzeichen für eine Wachstumsverzögerung, wie sie als Folge von Mangelernährung oder schwerer Krankheit bei Frauen vor dem 16. Altersjahr auftreten kann.

28 Zähne sind normal aufgereiht, zeigen jedoch abgeschliffene Zahnkronen. Dieser Zahnzustand ist typisch für die altägyptische Bevölkerung. Ursache der Schäden an der Kaufläche der Zähne waren eine stark mit Sand durchmischte Nahrung und Brot, das feine Steinpartikel enthielt, die beim Mahlen des Korns an den Mühlsteinen abgesplittert waren. Die Weisheitszähne sind nicht angelegt.

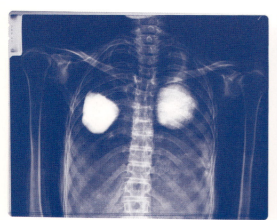

Abb. 8 Im Röntgenbild erkennbar sind zwei röntgendichte, faustgrosse Pakete, vermutlich Organe. Der untere Brustbereich und ganze Bauchraum ist gefüllt mit granulatartigem Stopfmaterial wie Sägespänen oder ähnlichem. Die Wirbelsäule zeigt keine Abnützungserscheinungen (erhaltene Bandscheibenräume).
Stiftsbibliothek St.Gallen

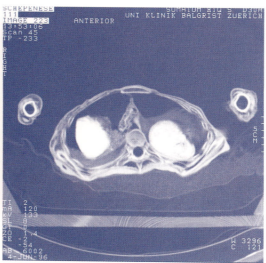

Abb. 9 CT-Aufnahme: Die mutmasslichen Eingeweidepakete in einem Rest von Salbmasse beidseits der Wirbelsäule. Hinter dem Brustbein befinden sich noch Organreste. Rechts und links vom Oberkörper: die Oberarme.
Stiftsbibliothek St.Gallen

1.2.3 **Anthropologischer Befund**

Über Geschlecht und Sterbealter gibt das Gutachten des Anthropologischen Institutes der Universität Zürich von Mirjam Würsch-Geiger und Elisabeth Langenegger Auskunft: Die Merkmale am Becken und am Schädel, die auf den Röntgen- und Computertomographiebildern sichtbar sind, gehören zwar zu den weniger aussagekräftigen Geschlechtshinweisen. Trotzdem kann man davon ausgehen, dass es sich um eine Frau handelt.

Das genaue Sterbealter ist anhand der vorliegenden Bilder schwierig zu bestimmen. Der Verschluss der Epiphysenfuge und die Zahnabnutzung lassen darauf schliessen, dass das Individuum bei seinem Tod sicher erwachsen und vermutlich über 30 Jahre alt war.

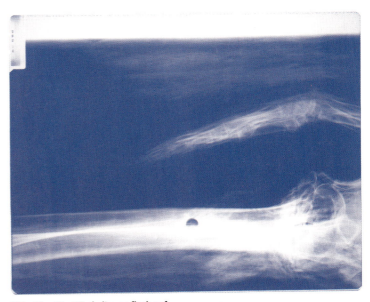

Abb. 10 Die Hände liegen flach auf den Oberschenkeln. Das kreisrunde Loch im rechten Oberschenkel (etwas verdeckt durch das linke Bein) wurde durch eine frühere Gewebeentnahme verursacht.
Stiftsbibliothek St.Gallen

Die Mumie und die Särge der Schepenese

Ägyptische
Jenseitsvorstellungen

Leben und Tod des Individuums sind Teile der geordneten Weltschöpfung. Der Tod ist nur ein anderer Bereich der Existenz. Als Teil des Weltganzen weist das Jenseits dem Diesseits vergleichbare Strukturen auf. Für das individuelle Weiterleben war es notwendig, den Bedarf im Jenseits nach den persönlichen, irdischen Bedürfnissen auszurichten. Dazu gehörte ein über den Tod hinaus unversehrter Körper, ein standesgemässes Grab, Essen und Trinken, Bekleidung und Hausrat, ferner Inschriften mit den persönlichen Daten. Um dauerhaft in der Ewigkeit verbleiben zu können, war eine moralisch einwandfreie Lebensführung auf Erden nach den Gesetzen der Göttin Maat, der Verkörperung von Wahrheit und Recht, erforderlich.
Während der mumifizierte Körper in der Unterwelt des Osiris verblieb, stieg die Ba-Seele zum Sonnengott Re in den Himmel auf. Durch die jede Nacht stattfindende Vereinigung der Ba-Seele mit der Mumie wurde die Ganzheit der Person wiederhergestellt und somit wiederbelebt.

2 Die Särge der Schepenese

2.1 Die Person der Schepenese anhand der Inschriften

Auf dem Innensarg finden sich lange Hieroglyphentexte, die nur wenige konkrete Angaben zur Person der Schepenese machen. Sie betreffen ihren Namen und den ihrer Eltern, die Berufsbezeichnung des Vaters und den gewünschten Ort der Bestattung. Das ägyptische Staatswesen war geprägt von einer Entindividualisierung. Als oberste Tugend galt die Unterordnung des Einzelnen in einer straff organisierten hierarchischen Gesellschaft. Hauptprinzip der Welt und des Staates war der Begriff der gerechten Weltordnung, personifiziert durch die Göttin Maat. Es galt, dieses göttliche Gesetz, von dem ein Weiterleben nach dem Tod abhing, zu erkennen und danach zu handeln. Dazu gehörte auch die Sorge um eine letzte irdische Ruhestätte mit der nötigen Ausstattung für die Ewigkeit. Die Inschriften werden somit zu einer wichtigen Informationsquelle über das religiöse Weltbild und die Jenseitsvorstellungen der Ägypter.

Name und Herkunft

Mehr als dreissig Mal wird die Tote auf ihrem Innensarg mit dem geläufigen Frauennamen «Schepenese» (Inschrift 1) angeredet. Die Bedeutung des Wortes 'schep' ist unbekannt, 'en-ese' heisst «von der Göttin Isis». Ob der Name damals tatsächlich Sch*e*p*e*n*e*se ausgesprochen wurde oder wie er sonst gelautet haben mag, entzieht sich unserem Wissen, da die Hieroglyphenschrift keine Vokale kennt.

Inschrift 1: «Schepenese»

Abb. 11 Die Göttin Isis, Schutzpatronin der Schepenese. In ihrer linken Hand hält sie eine Feder, Symbol der Göttin Maat, der Verkörperung von Recht und Wahrheit.
Stiftsbibliothek St.Gallen

Die Mumie und die Särge der Schepenese

Die Göttin Isis genoss als Muttergottheit grosse Verehrung, ihr Kult verbreitete sich allmählich über den ganzen Mittelmeerraum. Ihre Rolle der fürsorglichen Schwestergemahlin um den verstorbenen Osiris brachte sie in Verbindung mit dem Totenkult. Darstellungen auf Särgen zeigen sie mit den Göttinnen Nephthys, Neith und Selket als Wächterinnen der Verstorbenen.

Auch auf dem Fussteil des Sargdeckels der Schepenese breitet Isis schützend ihre Flügelarme über die Tote. In der linken Hand hält sie eine Straussenfeder, das Schriftzeichen der Göttin Maat, der Verkörperung von Wahrheit und gerechter Weltordnung. Diesen Prinzipien hatte sich Schepenese unterstellt.

Vater und Mutter

Wesentlich für die Beibehaltung des sozialen Status im Jenseits waren Angaben über Standeszugehörigkeit und Familie. Schepeneses Vater gehörte zur thebanischen Amunpriesterschaft, er nennt sich 'Ihr [einer Göttin] Tänzer': «Pestjenef» (Inschriften 2 und 3). Die vorletzte Hieroglyphe der Schreibung ist die eines tanzenden Mannes. Der Name verweist auf eine der priesterlichen Tätigkeiten: Um den Gott und seine Gemahlin im Tempel zu erfreuen, wurden ihnen kultische Tänze dargeboten.

Pestjenefs einzige Berufsbezeichnung ist der Priestertitel «Gottesvater des Amun» (Inschrift 4). Auf den Schultern dieser Priester ruhte bei Prozessionen, den häufigen Auszügen der Gottheiten aus dem Tempel, die Barke mit dem heiligen Schrein, in dem die Götterstatue verwahrt war.

Pestjenefs Gott Amun war mit Beginn des Neuen Reiches zu einer der mächtigsten und populärsten Gottheiten Ägyptens aufgestiegen. Seine Rolle

Inschrift 2: «Pestjenef»

Inschrift 3: «Pestjenef»

Inschrift 4: «Gottesvater des Amun»

Inschrift 5: «Tabes»

Inschrift 6: «ein schönes Begräbnis im Friedhof und Totenreich im Westen von Theben»

Abb. 12 Karnaktempel, Block aus der Roten Kapelle der Königin Hatschepsut. Die Priester tragen im Prozessionsumzug die heilige Amunbarke mit dem Schrein, in dem die Götterstatue ruht.
Zeichnung Martin Zimmermann

Die Mumie und die Särge der Schepenese

wird am besten als die eines Reichsgottes (Titel: «Oberhaupt der beiden Länder» = Ägyptens), Königsgottes (Titel: «Oberhaupt der Götter») und Schöpfergottes beschrieben. Nach der Legende ist er der physische Erzeuger der Könige. Die Griechen haben ihn mit ihrem Göttervater Zeus gleichgesetzt. Sein Hauptheiligtum, der noch heute grossartige Tempel von Karnak, lag im oberägyptischen Theben.

Die Mutter trägt den Namen «Tabes», 'Die zum Gott Bes Gehörige' (Inschrift 5). Damit wird sie dem Schutz dieses vor allem im einfachen Volk verehrten zwergengestaltigen Familiengottes anvertraut (Abb. 13). Mutter und Tochter weisen sich durch die Bezeichnung «Herrin des Hauses» als verheiratete Frauen aus.

Ort der Bestattung

Da die Särge nicht aus einer archäologischen Grabung stammen, sind die Fundumstände unbekannt. Einen Hinweis auf ihre letzte Ruhestätte gibt Schepenese selber, denn sie wünscht «ein schönes Begräbnis im Friedhof und Totenreich im Westen von Theben» (Inschrift 6).³

Theben, die Hauptstadt des südlichen Landesteiles, war zeitweilig eines der prunkvollsten Zentren der Alten Welt, führend in politischen, religiösen und geistigen Belangen. Auf der heute Luxor-Karnak benannten Ostseite am Nil residierte der Götterkönig Amun, dem Pestjenef verpflichtet war, in einem immensen Tempelbezirk. Dort standen auch die königlichen Paläste und die aus getrockneten Nilschlammziegeln gefertigten Häuser der Bevölkerung. Auf der Westseite des Nils begrub man jahrhundertelang die Toten in Gräbern, deren farbenfrohe Dekorationen heute zum Weltkulturerbe gehören. Doch zu Lebzeiten

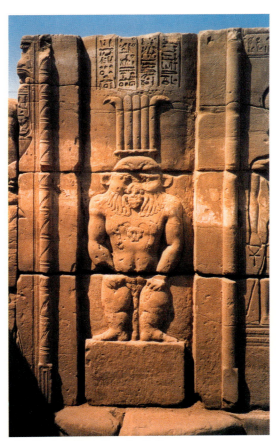

Abb. 13 Reliefdarstellung des Gottes Bes im Eingangsbereich zum Muttempel in Karnak. Die bärtige Zwergengestalt ist überall dort anzutreffen, wo es sich um den Schutz der Familie, der Wöchnerin oder des neugeborenen Kindes handelt.

Abb. 14 Amun, der König der Götter, mit seiner hohen Federkrone. Die linke Hand hält das Was-(Wohlergehen)-Zepter, die rechte das Zeichen für Leben.
Umzeichnung nach Fatma Erbudak durch Martin Zimmermann

der Schepenese hielt sich der Königshof seit langem schon im Norden des Landes auf, das Ansehen der einstigen Metropole war verblasst, nur Amuns Herrschaft und damit der politische Einfluss der Priester waren ungebrochen.

2.2 Altersbestimmung der Särge und Mumienbinden: AMS-^{14}C Verfahren

1995 wurden Proben vom Holz der Särge und von den Leinenbinden entnommen und durch Georges Bonani im Beschleunigermassen-Spektrometer (AMS) des Instituts für Teilchenphysik an der Eidgenössischen Technischen Hochschule (ETH) Zürich untersucht. Dieses ^{14}C-Labor gilt als weltweit führend in archäologischen Datierungsfragen. Das moderne AMS-^{14}C Verfahren kommt mit minimalen Mengen an Material aus. Die Untersuchung ergab folgende Resultate:

1. Leinenbinden: wahrscheinlicher Altersbereich: 610 +/- 40 v.Chr.
2. Holz des Innensarges: wahrscheinlicher Altersbereich: 610 +/- 40 v.Chr.
3. Holz des Aussensarges: wahrscheinlicher Altersbereich: 1060 +/- 40 v.Chr.

Der Innensarg und die Mumienbinden liegen im gleichen Altersbereich. Somit dürfte auch die Mumie diejenige der auf dem Sarg genannten Schepenese sein.

Das dritte Ergebnis, die um rund 400 Jahre höhere Datierung des Aussensarges, überrascht, ist aber nicht ungewöhnlich. In Ägypten, einem holzarmen Land, hatte der Handwerker sorgsam mit dem teuren Material umzugehen. Häufig wurden daher alte Gegenstände aus Holz, bevorzugt Särge oder Teile von ihnen, umgearbeitet und wiederverwendet.

2.2.1 Holzbestimmung

Ernst Zürcher vom Institut für Holzwissenschaften der ETH Zürich nahm sich Anfang 1996 der botanischen Bestimmung des Holzes an. In Frage kamen die zur Sargherstellung gebräuchlichsten Holzarten: Sykomore (Maulbeerfeigenbaum, Ficus sycomorus L.), das aus dem Libanon importierte Zedernholz (Cedrus libani), Akazie (Acacia nilotica) und Tamariske (Tamarix spec. L./ Tamarix nilotica). Die Analyse ergab für den äusseren Sarg Tamarisken-, für den inneren Sykomorenholz. Beide Baumarten gehören auch heute noch zur natürlichen Flora Ägyptens.

2.3 Altersbestimmung des Innensages: ägyptologischer Ansatz

1. Schepeneses Innensarg gehört aufgrund typologischer, stilistischer und bild-/textlicher Merkmale in die 25. oder 26. Dynastie (ca. 740–525 v.Chr.). Unsere Kenntnis über die Spätphase der altägyptischen Kultur ist wegen der komplizierten politischen Verhältnisse und des schlechten Erhaltungszustands der Denkmäler geringer als das Wissen über die glanzvollere Vergangenheit. Dazu kommt ein weitgehendes Desinteresse der Ägyptologie an einer Kunst, die als Nachahmung alter Traditionen ohne schöpferische Eigenleistung empfunden wurde.

Den zu Unrecht vernachlässigten Objekten der Spätzeit in ägyptischen Sammlungen wird neuerdings vermehrt Aufmerksamkeit geschenkt. Eine breit angelegte Untersuchung im British Museum von London beschäftigt sich gegenwärtig mit den gesamten Spätzeitsärgen. Dem Vorbericht ist zu entnehmen, dass um 750 v.Chr. ein Wandel in der Gestaltung des thebanischen Innensarges stattfand.[4] Die Särge erhalten durch Sockel und Rückenpfeiler das Aussehen einer Statue, man findet Gefallen an neuen Bildmotiven. Inschriften, jetzt auf einem mehrfarbigen Hintergrund, nehmen überhand. Die Personen werden als überlange, schlanke Figuren dargestellt. Der neue Sargtypus, dem Schepeneses Innensarg in allen Einzelheiten entspricht, hatte sich spätestens um 650 v.Chr. durchgesetzt. Die Herstellung dieses Sarges dürfte somit in der Regierungszeit des ersten Herrschers der 26. Dynastie unter Psammetich I. erfolgt sein.

2. 1858 hatte der französische Ägyptologe Auguste Mariette im Totentempel der Königin Hatschepsut in Deir el-Bahari (Theben-West) ein umfangreiches Sargdepot von thebanischen Month- und Amunpriestern und ihren Angehörigen aus der 25. und 26. Dynastie gefunden und die Ausbeute nach Kairo transportieren lassen. Darunter befinden sich die Särge zweier Brüder mit den Namen Besenmut und Wennefer (CG 41047 und CG 41046).[5] Wie Schepenese weisen sie neben anderen Texten Spruch 71 aus dem Totenbuch auf. Solche Sprüche wurden aus den betreffenden Papyrusrollen der Tempelbibliothek kopiert, die Auswahl unter hunderten von ihnen stand jedermann frei. Besenmuts Schreiber hat Spruch 71 korrekt übertragen. Wennefer und Schepenese dagegen überraschen durch die gleiche fehlerhafte Version. Möglicherweise hat der (selbe?) Kopist bei der Beschriftung beider Särge die gleiche fehlerhafte Vorlage benutzt. Da beide Särge aus demselben geographischen Raum stammen und zudem ein sehr ähnliches Dekorationsschema aufweisen, liegt es nahe, sie in einen zeitlichen Zusammenhang zu stellen. Die Familiengeschichte des Wennefer ist recht gut bekannt, er selbst muss um 650/630 v.Chr. gestorben sein.[6]

Zusammenfassend lässt sich sagen, dass aufgrund der Altersbestimmung mittels ^{14}C-Methode, der Sargtypologie und des bei Wennefer in gleicher Weise vorhandenen Abschreibefehlers die Herstellung des Innensarges und damit die Lebenszeit der Schepenese auf um 650–610 v.Chr. datiert werden kann.

Das Totenbuch

Es war von äusserster Wichtigkeit, die Beschaffenheit des Jenseits und die Gefahren auf dem Weg dorthin zu kennen. Davon handelt die umfangreiche Totenliteratur. Das Totenbuch, eine Sammlung von verschiedenartigen Sprüchen, existierte seit dem Neuen Reich (1550 v.Chr.) und war jedermann zugänglich. Die Sprüche wurden in wechselnder Auswahl als Papyrusrolle der/dem Toten beigelegt, auf ihre/seine Leinenbinden, in den Sarg oder an die Grabwände geschrieben.

Skarabäus

Der Skarabäus – so die griechisch-lateinische Bezeichnung für den Mistkäfer des Mittelmeergebietes (Scarabaeus sacer mit Unterarten) – ist das häufigste Symbol für den ägyptischen Sonnengott und ein beliebtes Amulett. Die Gleichsetzung mit der Sonne beruht auf der Beobachtung, dass der Käfer mit den Hinterbeinen eine Dungkugel formt, die er in ein Erdloch rollt, aus dem ein junger Mistkäfer hervorkommt. Da auch die Sonne dem Rhythmus von abendlichem Untergehen und Auftauchen am Morgen unterliegt, versinnbildlicht der Käfer die junge Sonne, die jeden Tag neu aus der Erde geboren wird. Damit ist die Jenseitshoffnung der Toten verbunden, in gleicher Weise wiedergeboren und verjüngt zu werden.

3 Bilder und Texte auf den Särgen

3.1 Innensarg

3.1.1 Sargdeckel aussen

Der Sargdeckel aussen ist das Abbild der fertiggestellten Mumie mit der über den Kopf gezogenen Mumienmaske, ferner dem äusseren Grabtuch, das mit Längs- und Querbändern verschnürt ist. Die dadurch entstandenen einzelnen Felder sind gegeneinander durch bunte Zierstreifen abgesetzt.

Kopf: Das altrosa bemalte Gesicht wird umrahmt von den schwarzen Flechten einer Perücke, die über Schultern und Halskragen fallen. Am Hinterkopf reichen die Haarsträhnen bis zu den Schulterblättern. Diese dreiteilige Haartracht findet sich bei den ägyptischen Göttern, sie war zu allen Zeiten auch eine beliebte Frisur bei ägyptischen Frauen und Männern. Als Kopfbedeckung trägt Schepenese die Geierhaube. Sie gehörte ursprünglich zum Ornat weiblicher Gottheiten und bestand aus einem Geierbalg, dessen ausgespannte Flügel seitlich den Kopf umfassen. Später diente der Kopfputz – in der Realität vielleicht als Leinenkappe mit aufgenähten Goldplättchen ausgeführt – den Königinnen als Zeichen ihrer Göttlichkeit. In der Spätzeit übertrug sich das königliche Privileg auf alle weiblichen Toten. Allerdings empfand man eine gewisse Scheu, den bei den Königinnen an der Stirn angebrachten Geierkopf darzustellen. Man beliess es, wie hier, bei einem aufgemalten Halbkreis mit angedeuteten Brustfedern.

Den Scheitel nimmt ein Skarabäus in einem Kranz von Blütenblättern ein, der mit Vorder- und Hinterbeinen die Sonne umklammert hält.[7] Er steht als

Abb. 15 Innensarg zusammengesteckt, Scheitel: Der Skarabäus genannte Käfer umfasst mit Vorder- und Hinterbeinen die Sonne, links von ihm das Zeichen für Osten, rechts für Westen. Er symbolisiert die jeden Morgen aus der Erde neu geborene Sonne, die Hoffnung der Toten auf ein Weiterleben.
Stiftsbibliothek St.Gallen

Die Mumie und die Särge der Schepenese

Abb. 17 Innensarg: Deckel und Wanne aussen. Der Deckel ist das Abbild der zurechtgemachten Mumie mit Mumienmaske und äusserem Grabtuch, das durch Bänder auf dem Körper fixiert ist. Bilder und Inschriften befassen sich mit dem Schutz der Toten und ihrer materiellen Versorgung im Jenseits.
Wanne: In der Mitte der Djed-Pfeiler, Symbol für den Totengott Osiris. Rechts davon Totenbuchspruch 71, links die Opferformel. Stiftsbibliothek St. Gallen

Die Mumie und die Särge der Schepenese

Abb. 18 Innensarg: Deckel und Wanne innen. Im Mittelpunkt des Deckels steht die Himmelsgöttin Nut. Bei verschlossenem Sarg legt sie sich über die Tote und nimmt deren Ba-Seele in sich (den Himmel) auf.

Wanne innen: Auf dem Osirissymbol (Weiterleben nach dem Tod) ruhte die Mumie der Schepenese.
Stiftsbibliothek St.Gallen

Die Mumie und die Särge der Schepenese

Abb. 19 Aussensarg: Wanne innen und Deckel aussen. Auf dem Boden der Wanne ist die thebanische West- oder Nekropolengöttin erkennbar. Auf dem Deckel sind nur Kopf und Halskragen stuckiert und bemalt worden. Interessant ist das Alter dieses Sarges: Er stammt noch aus dem Ende des Neuen Reiches und ist für Schepenese wiederverwendet worden.
Stiftsbibliothek St. Gallen

Die Mumie und die Särge der Schepenese

Symbol für die jeden Morgen aus der Erde geborene Sonne, die Hoffnung der Toten auf eine Wiedergeburt. Links und rechts von ihm befinden sich die beiden Standarten der Himmelsrichtungen Ost und West, der auf- und untergehenden Sonne.

Schmuckkragen und Himmelsgöttin

Um Schultern und Brust legen sich Girlanden aus bunten Blumenblättern, die in einem Band mit tropfenförmigen Perlen enden. So manchen ägyptischen Mumien waren zusätzlich Kränze aus frischen Blumen in den Sarg gelegt worden.

Unterhalb des Schmuckkragens kniet mit ausgestreckten Flügelarmen die Himmelsgöttin Nut. In die Sonnenscheibe auf dem Kopf ist ihr Name geschrieben. Auf der Innenseite des Sargdeckels ist sie nochmals abgebildet, bei geschlossenem Sarg legt sie sich über die Tote. Das entspricht der Anschauung des Sargdeckels als Himmel, der die Ba-Seele der/des Verstorbenen in sich aufnimmt. Die Göttin sitzt auf einem verschlossenen Tor. Hinter dieser sogenannten Scheintüre verbirgt sich das Jenseits. Nach einer alten Vorstellung kann die/der Tote durch sie heraustreten, um am Opfermahl teilzunehmen. Das horizontale Schriftband darunter enthält die Rede der Nut aus den Pyramidentexten, der ältesten religiösen Überlieferung (Pyr. 638 a–b) (Inschrift 7; zur Anrede der Schepenese als Osiris vgl. Bemerkungen zu Osiris, S. 52).

Abb. 16   Die Himmelsgöttin Nut mit ausgebreiteten Flügelarmen kniend auf der sogenannten Scheintüre, hinter der sich das Jenseits verbirgt.
Stiftsbibliothek St.Gallen

«Osiris Herrin des Hauses Schepenese, gerechtfertigt, Tochter des Gottesvaters des Amun Pestjenef, gerechtfertigt: [Deine] Mutter Nut hat sich schützend über dich gebreitet in ihrem Namen 'Geheimnis des Himmels'. Sie veranlasst, dass du göttlich wirst.»

Inschrift 7   Rede der Nut aus den Pyramidentexten.

Die Mumie und die Särge der Schepenese

Texte und bildliche Darstellungen auf Körper und Beinen

Getrennt durch den Mittelstreifen sind untereinander je fünf Schrift- und Bildbänder, sogenannte Register, angeordnet. Sie enthalten – bis auf das unterste Register – Reden und Abbilder von Schutzgöttern aus der Balsamierungshalle, die zum Teil auf Totenbuchspruch 151 zurückgehen.[8] Die Aufgabe der Gottheiten ist es, während der Mumifizierung über die Toten zu wachen und ihnen auch im Jenseits schützend zur Seite zu stehen.

1. Register: Vier mumiengestaltige Götter in ihren Schreinen mit Ähren in den Händen sind die bekannten Beschützer der Eingeweide-Kanopen. Das Korn in ihren Händen ist Sinnbild der Wiedergeburt: Es wird in die Erde gelegt (begraben), aus der es wieder zu spriessen beginnt. Von rechts nach links der falkenköpfige Kebehsenuef (hier fälschlich mit Schakalkopf) für Magen/Darm, der paviaenköpfige Hapi für die Milz, der menschenköpfige Amset für die Leber und der schakalköpfige Duamutef (hier fälschlich mit Falkenkopf) für die Lunge.

Rede des Hapi (Abb. 20, zweiter von rechts): «Worte zu sprechen von Hapi: 'O Osiris, Herrin des Hauses Schepenese, gerechtfertigt, ich bin Hapi, ich bin dein Sohn Horus, den du liebst, ich bin dein Schutz jeden Tag, Schepenese'». Ähnlich lauten auch die Ansprachen der drei weiteren Kanopengötter. Stand dem Schreiber noch leerer Platz zur Verfügung, fuhr er mit der Rede gemäss Spruch 151 fort.

2. Register: Der oberste Balsamierer- und Totengott Anubis mit schwarzem Schakalkopf, gekleidet in einen kurzen, plissierten Schurz, hält zwei Mumienbinden in den Händen. Er ist als Vorsteher der Balsamierungshalle, dann auch Hüter der Nekropole einer der wichtigen Totengötter. Während der Balsamierung

Abb. 20 Von rechts nach links: Kebehsenuef, Hapi, Amset, Duamutef. Die Köpfe von Kebehsenuef und Duamutef sind vertauscht.

Hieroglyphen

Die um 3000 v.Chr. entstandene Hieroglyphenschrift besteht aus über 700 Zeichen, die eine Auswahl an Pflanzen, Tieren, Werkzeugen, Hausrat, Bekleidungsstücken usw. darstellen. Somit ist sie ein Spiegelbild der damaligen ägyptischen Welt. Trotz ihres Aussehens als Bilderschrift handelt es sich dabei um eine Lautschrift. Bevorzugte Schreibrichtung ist von rechts nach links, aber auch von links nach rechts ist durchaus üblich. Die Hieroglyphen können auch untereinander angeordnet sein (Kolumnen). In einem geschlossenen Text wird die Richtung nicht mehr geändert. Eine Orientierungshilfe bieten die häufigen Vogelhieroglyphen: ihre Köpfe blicken zum Zeilenanfang.
Im Jahr 1822 hat der Franzose François Champollion das Rätsel um die Hieroglyphen gelöst. Beim Vergleich von zwei ägyptischen Königsnamen erkannte er, dass es sich nicht, wie bisher angenommen, um Bildsymbole handelte sondern dass die Zeichen in Wirklichkeit Buchstaben sind. Mit dieser bahnbrechenden Entdeckung begann das Zeitalter der Ägyptologie.

übernahm ein Priester mit aufgesetzter Schakalmaske die Rolle des Anubis. Er rezitierte magische Sprüche für eine erfolgreiche Wiederbelebung und Vergöttlichung der/des Verstorbenen.

Die Rede des Anubis: «Worte zu sprechen von Anubis, dem Ersten [der Westlichen]: 'O Osiris, Herrin des Hauses Schepenese, gerechtfertigt, ich habe dir deine Knochen vereinigt, ich habe dir dein Fleisch zusammengefügt, ich habe dir deine Glieder gesammelt, ich habe veranlasst, dass du göttlich bist. Deine Feinde sind unter deinen Fussohlen, Osiris Herrin des Hauses Schepenese, gerechtfertigt'». Der Text verweist auf das Schicksal des Osiris und die Bestrafung seiner Mörder.

Die Götter in den folgenden Registern 3 und 4 sind von Anubis als Wachmannschaft über die Balsamierungshalle eingesetzt. Es sind dies (von rechts oben nach links unten): Harendotes, Geb, Cheribakef und Heqamaatitef. Ihre Reden, die sogenannten Opferformeln, sichern die materielle Versorgung der Schepenese mit Brot, Gänsen, Bier, Milch, Weihrauch etc. (vgl. S. 51).

5. Register: Das Auge über der Scheintüre wird als Udjat-Auge bezeichnet. Der Mythologie zufolge handelt es sich um das verletzte und wiederhergestellte («udjat») Auge des Gottes Horus. Es gilt als beliebtes schutzbringendes Amulett, das seine heilende Kraft auf den Toten übertragen soll.

Sockel: Drei Hieroglyphen ergeben, zu einem Band aufgereiht, ein häufiges Dekorationselement auf Tempelsäulen, Särgen etc. (Inschrift 8). Der Korb bedeutet 'alles'; die Schlaufe 'Leben'; der Stab mit stilisiertem Tierkopf 'Wohlergehen' oder 'Herrschaft'. Der wiederholte Wunsch lautet: alles Leben und Wohlergehen.

Bodenbrett unter dem Sockel: So ganz unägyptisch, eher wie eine moderne Grafik, wirkt das Bildnis des schwarz-weiss gefleckten Apis-Stieres in schnellem

Abb. 21 Der schakalköpfige oberste Balsamierergott Anubis hält Mumienbinden in den Händen. Seine Rede beginnt links oben.

Abb. 22 Das nach der Mythologie geheilte (= udjat) Auge des Gottes Horus soll seine heilende Kraft auf die Person übertragen. Es gehört zu den häufigsten Amuletten.
Stiftsbibliothek St.Gallen

Die Mumie und die Särge der Schepenese

Lauf. Die Mumie ruht festgebunden auf seinem Rücken. Der Stier gilt als vermittelnder Totengott, der die Verstorbenen aus dem Totenreich des Westens zur aufgehenden Sonne im Osten hinüberträgt.

3.1.2 Sargdeckel innen

Die ursprüngliche Leuchtkraft der Farben hat sich wundervoll erhalten, die Hieroglyphen sind mit grosser Sorgfalt ausgeführt worden. Im Mittelpunkt steht die Himmelsgöttin Nut, in ein enganliegendes, ärmelloses Gewand mit angeschnittenen Trägern gekleidet, zeitloses Bekleidungsstück ägyptischer Frauen jeden Standes. Darüber ist ein Perlennetz gezogen, das dem Gewand eine Musterung zu geben scheint. Auf die dreiteilige Perücke ist ein Haarband geknüpft, Hals, Arme und Beine sind mit gelben (goldenen) Spangen geschmückt. Über dem Kopf steht der Name der Göttin.

Es ist ein Merkmal der ägyptischen Kunst, den menschlichen Körper zugleich in Profil und Frontalansicht wiederzugeben – Kopf und Beine in Seitenansicht, Schulter und Brust in Kombination von Vorder- und Seitenansicht. Das entspricht der Auffassung, eine Person oder einen Gegenstand so deutlich wie möglich zu bezeichnen, indem charakteristische Teilansichten in einem Bild vereint werden.

In Kopf- und Fussteil erscheint zweimal die Sonne: eine von Uräusschlangen beschützte (Kopfteil) und eine hinter den Hügeln aufgehende Sonne (Fussteil). Sie stehen in enger Verbindung zur Himmelsgöttin: es ist die Abend- und die Morgensonne, der scheinbare Tod und die Wiedergeburt. Die Ägypter haben in immer neuen Bildern ihre Vorstellungen von Sterben und Auferstehung zum Ausdruck gebracht. So wird bereits in den Gräbern des Neuen Reiches der nächtliche Lauf der Sonne in

«Alles – Leben – Wohlergehen»

Inschrift 8 Das Dekorationsband besteht aus drei Hieroglyphen.

Abb. 23 Der Apisstier ist der vermittelnde Totengott, der die Mumie aus der Nekropole im Westen zur aufgehenden Sonne in den Osten hinüberträgt.
Stiftsbibliothek St.Gallen

den Körper der Himmelsgöttin verlegt: Abends verschluckt Nut die Sonne, die nachts ihren Körper durchwandert, am Morgen gebiert sie sie von neuem.

Die Texte über dem Kopf der Göttin Nut (Inschrift 9), vor ihr, zu ihren Füssen und in den seitlichen Wandungen sind Opferformeln. Darunter versteht man das Ritual der Überweisung einer Opfergabe von Pharao an einzelne Götter, um von ihnen ausgewählte Privilegien für bestimmte Personen zu erbitten. Die Opferformeln finden sich bereits als Inschriften auf Särgen des Alten Reiches und bestehen aus über 300 Wünschen, die jeweils mit einer festen Redewendung oder als Ausspruch der Götter eingeleitet werden.

Schepenese hat zwei Anliegen: einerseits die Versorgung mit materiellen Gütern (Lebensmittel, Weihrauch, Leinwand etc.), andrerseits ein schönes Begräbnis. Die Opferformeln machen den grössten Teil der Texte auf ihren Särgen aus.

3.1.3 Sargwanne aussen und innen
Bildliche Darstellungen: der Djed-Pfeiler

In der Mitte der Sargwanne aussen ist ein aus farbigen Rechtecken zusammengesetzter Pfeiler aufgemalt, der von Widderhörnern, Sonnenscheibe und Straussenfedern bekrönt wird. Seitlich davon befinden sich zwei rote, haubenförmige Gebilde, von denen bunte Bänder herunterhängen. Dasselbe Symbol gewahrt man im Innern der Sargwanne, ohne Kopfschmuck, zusätzlich mit den königlichen Insignien von Krummstab und Wedel versehen.

Die Ägypter haben diesen sogenannten Djed-Pfeiler (djed = Dauer, Ewigkeit) mit ihrem obersten Totengott Osiris gleichgesetzt und als Rückgrat des Gottes gedeutet. Im Neuen Reich wird aus dem Pfeiler eine Person (der Gott Osiris)

«Rede zu sprechen von Nut, die [die Götter] geboren hat: 'Sie möge geben

alle Opfergaben, alle Speisen,

1000 an allen guten und reinen Dingen, 1000 an süssen

und angenehmen Dingen, 1000 an Wein, 1000 an Milch, 1000 an

Weihrauch, 1000 an Salbölen, 1000 an

Leinwand, 1000 (sic) an schönen Begräbnissen im

Friedhof und Totenreich im Westen von Theben (von denen ein Gott lebt)

für den Ka (= eine Existenzform des Menschen, seine immaterielle Lebenskraft) des Osiris der Herrin des Hauses Schepenese, gerechtfertigt'.»

Inschrift 9 Opferformel über dem Kopf der Göttin Nut, Deckelinnenseite. Die Hieroglypheninschrift ist linksläufig, im Gegensatz zur Übersetzung.

Abb. 24 Die Himmelsgöttin Nut.
Stiftsbibliothek St.Gallen

Die Mumie und die Särge der Schepenese 51

mit Augen und über der Brust verschränkten Armen, deren Hände die Zeichen königlicher Macht halten (Abb. 25).

Auf der äusseren und inneren Sargwanne sind von den angewinkelten Armen beidseits des Pfeilers nur die Ellbogen zu sehen. Es handelt sich hier um die seltene Wiedergabe des personifizierten Djed-Pfeilers von hinten. Dadurch, dass Schepenese auf dem Osiris-Symbol lag, verband sich ihr Körper mit dem Reich des Totengottes. Damit erhoffte sie, das Schicksal des Osiris zu teilen und im Jenseits weiterleben zu können.

Sargwanne aussen und innen: Texte

Die Inschriften der Sargwanne aussen heben sich von einem abwechselnd weiss-gelben Hintergrund ab, die Trennlinien zwischen den Registern sind rot und blau koloriert. Der wichtigste Text ist auf der rechten Seite zu lesen: Es sind dies die ersten drei Strophen von Totenbuchspruch 71.[9]

Spruch 71, der auf den älteren Sargtext-Spruch 691 zurückgeht, versetzt uns in die Gerichtshalle des Jenseits. Jeder Verstorbene hatte sich gemäss seiner Lebensführung auf Erden (für die es Gebote und Verbote gab) zu verantworten. Vom obersten Totengott Osiris und seinen Mitrichtern wird geprüft, ob Schepenese unter die Götter versetzt werden kann oder von den schrecklichen Totenrichtern «... die Köpfe abschlagen und Hälse abtrennen, die Herzen ergreifen und aus der Brust reissen, die ein Blutbad anrichten im Feuersee ...» (Strophe 8) zum Nicht-Sein verurteilt werden soll.

In den ersten drei Strophen (rechte Seite der Sargwanne) werden immer wieder andere Götter zuerst vorgestellt, dann von Schepenese angerufen. Darauf

Bemerkungen zu Osiris

Osiris ist der Herrscher über das Reich der Toten. Einstmals hatte ihn sein Bruder Seth ermordet, zerstückelt und die einzelnen Körperteile über das ganze Land verstreut. Isis, Schwester und Gemahlin des Osiris, suchte die Teile zusammen, wickelte sie in Leinenbinden (Mumifizierung) und erweckte ihn so zu neuem Leben. Ein Götterurteil verdammte Seth und machte Osiris zum Herrn der Unterwelt, wo er über die Verstorbenen zu Gericht sitzt.

Den Triumph des Osiris über den Tod macht sich jeder rituell Bestattete zu eigen: er wird im Jenseits selber zu Osiris. Daher die Anrede der Schepenese als «Osiris Schepenese».

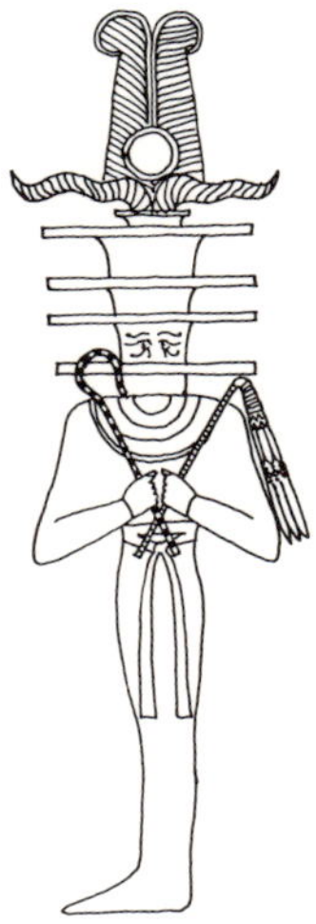

Abb. 25 Seit dem Neuen Reich erscheint der Djed-Pfeiler als Person (Osiris) mit Kopfschmuck, Augen und angewinkelten Armen, deren Hände die Königsinsignien halten.
Umzeichnung nach Fatma Erbudak durch Martin Zimmermann

Abb. 26 Sargwanne aussen (auch innen): der personifizierte Djed-Pfeiler von hinten.
Stiftsbibliothek St.Gallen

erfolgt der beschwörende Ausspruch des obersten Totenrichters, 'des Eingesichtigen': «Befreie sie, löse sie, bring sie zur Erde und erfülle ihren Wunsch.» Befreit, gelöst werden soll die Tote von allem Bösen, das ein Weiterleben in der Ewigkeit in Frage stellt. Völlig verständlich wird der Ausspruch aber erst, wenn man die Fachsprache für die irdische Geburt aus den medizinischen Papyri zu Hilfe nimmt. Dort steht 'befreien, lösen' für das Kind aus dem Mutterleib. Der Geburtsvorgang wird auch als 'auf die Erde geben' bezeichnet.[10] Dazu muss man wissen, dass die ägyptischen Frauen auf Ziegeln sitzend gebaren. Totenbuchspruch 71 übernimmt die bildhafte Formulierung für die irdische Geburt auf die Wiedergeburt im Jenseits.

Die 28 Register des Spruchs sind unsorgfältig und, wie es scheint, in grosser Eile niedergeschrieben worden. Als der zur Verfügung stehende Platz aufgebraucht war, musste der Kopist mitten im angefangenen Wort abbrechen. Bereits vorher hatte er eine lange Textpassage ausgelassen. Ein nachlässiges Versehen geht vermutlich auf die Kopiervorlage zurück, die auch der (gleiche?) Schreiber des Wennefer-Sarges verwendet hat: Bei Wennefer wie bei Schepenese spricht sich der oberste Totenrichter selber frei (Inschrift 10).

3.1.4 Die Funktion des Sarges als Wohnhaus der Verstorbenen

Der Sarg ist in der Spätzeit zum Wohnhaus der Toten geworden, eine Funktion, die vorher das Grab ausgeübt hatte. Inschriften und bildliche Darstellungen mussten jetzt für eine reduzierte Fläche neu überdacht und ausgewählt werden, um die nötige Ausrüstung für das Jenseits bereitzustellen und das Weiterleben magisch zu sichern.

«Worte zu sprechen von Osiris

Herrin des Hauses Schepenese, gerechtfertigt,

Tochter des Gottesvaters des Amun Pestjenef,

gerechtfertigt, Herrn der Ehrwürdigkeit. (Schepenese wendet sich an einen Gott in der Gerichtshalle:) 'O Falke,

der du aufgehst aus dem Urgewässer,

Herr der Grossen Flut – lass mich unversehrt sein, wie

du dich selber unversehrt sein lässt!' (Der oberste Totenrichter:) 'Befreie

sie (hier fälschlicherweise jeweils: mich), löse sie, bring

sie zur Erde und erfülle ihren (hier fälschlicherweise: meinen) Wunsch',

sagt der Eingesichtige über mich.»

Inschrift 10 Sargwanne aussen, rechte Seite. Die 1. Strophe von Totenbuchspruch 71: die Gerichtshalle im Jenseits. Schepenese erscheint vor dem obersten Totenrichter mit seinem Richterkollegium und bittet um Erlösung von allem Bösen, das ihr von der irdischen Existenz her anhaftet.

Das kompakte Programm im Fall der Schepenese umfasst folgende Punkte: Die Fürsorge bei der Balsamierung (Schutzgottheiten), die für ein erwünschtes Weiterleben (Skarabäus) Voraussetzung ist; die Aufnahme der Ba-Seele in den Himmel (Himmelsgöttin Nut), des Körpers in das Totenreich des Osiris (Djed-Pfeiler); das Erscheinen beim Totengericht (Tb-Spruch 71), die Vergöttlichung (Geierhaube, Rede der Nut) und schliesslich die materielle Versorgung im Totenreich (Opferformel).

3.2 Aussensarg

Der aus schweren Holzplanken bestehende rötlichbraune Aussensarg ist von klassischer Schlichtheit. Nur Perücke, Gesicht und Schmuckkragen sind mit einer Stuckschicht überzogen und bemalt. Auf dem Scheitel befindet sich eine von Uräen flankierte rote Sonnenscheibe, von der gelbe Strahlen ausgehen. Vom Kragen zum Fussteil ziehen sich zwei Kolumnen mit blauen Hieroglyphen, eingerahmt von schwarzen Begrenzungslinien. In der Inschrift wird der Sonnengott Re-Harachte um ein schönes Begräbnis in der Nekropole gebeten.

Seitlich rechts und links aussen auf den Wandungen der Sargwanne wird Osiris um Versorgung mit materiellen Gütern angerufen. Als Empfängerin der göttlichen Gunst ist Schepenese, Herrin des Hauses, Tochter des Gottesvaters des Amun Pestjenef, genannt. Da die seitlichen Inschriften als Kolumne vom Kopf abwärts verlaufen, liegt es nahe zu vermuten, dass die Särge senkrecht aufgestellt waren. Damit erklärt sich auch der braune Fleck auf der Innenseite des inneren Sargdeckels (in der Inschrift oberhalb der Göttin Nut). Beim Vorkippen der Mumie waren Balsamierungsharze durchgesickert.

In die Sargwanne ist die thebanische West- oder Nekropolengöttin gezeichnet. Sie steht auf einer Standarte und trägt auf dem Kopf ihr Attribut, die Hieroglyphe für den Westen, das Totenreich. In ihre Obhut hat sich Schepenese jetzt begeben.

Herstellung der Särge

Die Fertigung der Särge vollzog sich in zwei Etappen: der Holzverarbeitung und dem anschliessenden Bemalen und Beschriften.

Holzverarbeitung

Jeder Sargteil besteht aus einer Anzahl von Brettern, die durch Holzdübel zusammengehalten werden. Einige Teile wie Gesicht und Hände wurden gesondert gefertigt und aufgeleimt. Den fertigen Sarg überzog man mit Leinwand und trug eine weisse Stuckschicht auf.

Dekoration

Der Maler versah die Flächen mit einem Gitter von Horizontal- und Vertikallinien, in die er die Umrisse der Figuren nach genau festgelegten Proportionen übertrug. Dann fügte er die Texte ein und kolorierte die Bilder. Die Farben wurden aus Pigmenten von Mineralien gewonnen.

Die Mumie und die Särge der Schepenese

4 Die wiedergefundene Familie der Schepenese

4.1 Der Vater

In der ägyptischen Sammlung der Staatlichen Museen zu Berlin befinden sich die sorgfältig bemalten und beschrifteten Doppelsärge mit zugehöriger Mumie von einem *Gottesvater des Amun Pestjenef* (Inv.-Nr. 51–53, vgl. S. 26). Ein dritter kastenförmiger Pfostensarg mit gewölbtem Deckel ist in den Wirren des Zweiten Weltkrieges verloren gegangen (Inv. Nr. 50). Die Ausstellungsstücke gehören zu den ältesten Beständen der Berliner Sammlung. Heinrich von Minutoli, Gesandter der preussischen Regierung in Ägypten, hatte sie dort zusammen mit vielen anderen ägyptischen Altertümern 1820 erworben – zum gleichen Zeitpunkt also, als auch die St. Galler Särge mit Mumie angekauft worden waren. Von Minutolis Urteil im Anschluss an seine Beschreibung von Pestjenefs äusserem Kastensarg: «Aus dem hier bestrittenen Kostenaufwand wäre man geneigt zu folgern, dass die in diesem Sarkophage beigesetzte Mumie eine sehr vornehme Person sein musste».[11] Der Ägyptologe Hugo Müller hat bereits 1934/35 darauf hingewiesen, dass es sich um Sargensemble und Mumie des Vaters der Schepenese handeln muss.[12]

Die Beweisführung

Auf dem Sargdeckel des Innensarges Berlin Inv.-Nr. 52 werden die Vorfahren des Pestjenef aufgelistet, beginnend mit «Gottesvater des Amun Pestjenef, Sohn des gleichbetitelten Padiimen» ('Der, den Amun gegeben hat') – die Ahnenreihe wird fortgesetzt. Eine genealogische Angabe auf dem Sargdeckel

Abb. 27 Innerer und äusserer Sarg des Pestjenef. Als Osiris-Pestjenef trägt er den geflochtenen Götterbart. Bemerkenswert ist die beinahe identische ikonographische Gestaltung des Innensargdeckels mit dem der Schepenese.
Staatliche Museen zu Berlin – Ägyptisches Museum, Jürgen Lippe

Die Mumie und die Särge der Schepenese

des Innensarges der Schepenese erwähnt einen «Padiimen», der Textteil vor dem Namen ist heute zerstört. Die Lücke kann dank der Information der Berliner Inschrift mühelos ergänzt werden, so dass der ganze Abschnitt lautet: «Schepenese, gerechtfertigt, Tochter des Gottesvaters des Amun, gerechtfertigt, Herr der Ehrwürdigkeit [vor dem grossen Gott, Sohn des Gottesvaters des Amun] Padiimen, gerechtfertigt, Herr der Ehrwürdigkeit».

Padiimen ist nach Auskunft der Särge von Berlin und St.Gallen der Vater des Pestjenef und Grossvater väterlicherseits der Schepenese. Als Pestjenefs Mutter wird auf den Berliner Särgen eine Schepenese genannt. Schepenese II. trägt demzufolge den Namen der Grossmutter. Es entspricht einem guten altägyptischen Brauch, die Namen der Grosseltern auf die Enkel zu übertragen. Alle männlichen Familienmitglieder waren Priester des Amun oder auch (nach den Inschriften der Berliner Särge) des Month, einer Gottheit, die im Amuntempel von Karnak einen eigenen Kult besass. Mit Interesse erwartet man die Gesamtbearbeitung der Berliner Särge. Pestjenefs Mumie ist bereits geröntgt worden.

4.2 Das Versteck von Deir el-Bahari

Bedingt durch die instabile politische und ökonomische Lage Ägyptens während der Spätzeit (ca. 1000–332 v.Chr.) kam es auch in Theben immer wieder zu Plünderungen, von denen diesmal selbst die alten Königsgräber am Westufer nicht verschont blieben. Die Mumien der einstmals mächtigen Herrscher wurden, um an den kostbaren Schmuck zu gelangen, schwer misshandelt. Die Hohenpriester des Amun waren es schliesslich, die sich ihrer annahmen, sie in neue Grabtücher wickelten und in zwei Sammelverstecken verbargen.

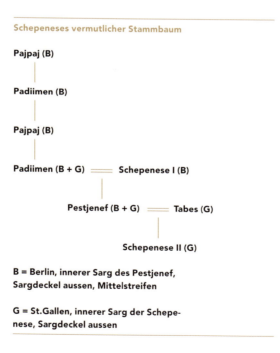

Schepeneses vermutlicher Stammbaum

Pajpaj (B)
|
Padiimen (B)
|
Pajpaj (B)
|
Padiimen (B + G) === Schepenese I (B)
|
Pestjenef (B + G) === Tabes (G)
|
Schepenese II (G)

B = Berlin, innerer Sarg des Pestjenef, Sargdeckel aussen, Mittelstreifen

G = St.Gallen, innerer Sarg der Schepenese, Sargdeckel aussen

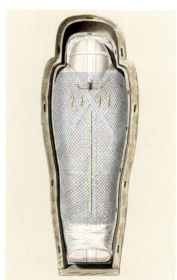

Abb. 28 Die verpackte Mumie des Pestjenef in seinen beiden anthropoïden Särgen. Über dem äusseren Grabtuch liegt ein Netz aus blauen Fayenceperlen, auf der Brust ein blauer Fayencekäfer mit goldenen Flügeln, darunter die vier Schutzgötter der Eingeweide.
Aus: Heinrich von Minutoli, Reise zum Tempel des Jupiter Ammon, Tafelband, Berlin 1824.
Zentralbibliothek Zürich, Renate Gieseler

Die Mumie und die Särge der Schepenese

Die drei grossen Verstecke von Deir el-Bahari (Theben-West)

Dem grossen Amuntempel von Karnak gegenüber, auf der Westseite des Nils, liegt der von steilen Bergen umrahmte Talkessel von Deir el-Bahari, der heiligste Bezirk der thebanischen Nekropole. Dort hatten sich Könige des Mittleren und Neuen Reiches Totentempel gebaut. Der bekannteste ist die grossartige Anlage der Königin Hatschepsut. Ihr Tempelbezirk diente in der turbulenten Spätzeit den Priesterdynastien als Friedhof. Im 19. Jahrhundert entdeckten Ägyptologen drei als Cachette bezeichnete Massengrabanlagen.
1. 1858 ein Versteck mit etwa 60 Särgen von Priestern und deren Familien aus der 25. und 26. Dynastie in der Säulenhalle der südlich gelegenen Hathorkapelle. Unter den Särgen befanden sich etliche der bekannten Besenmut-Familie. 1894/95 grub Edouard Naville am gleichen Ort drei weitere Särge der Familie aus.
2. 1881 die berühmte Cachette mit den Königsmumien aus dem Neuen Reich. Abd er-Rasul, Scheich eines umliegenden Dorfes, hatte sie ausfindig gemacht und geplündert, bis der Antikendienst einschritt.
3. 1891 eine Galerie mit 153 Särgen von Amunpriestern und ihren Familien aus der 21. und 22. Dynastie. Überwältigt von der Fülle, verschenkte die ägyptische Regierung Särge an Museen in der ganzen Welt. Auch die Schweiz wurde bedacht.

In diesen schwierigen Zeiten liessen nur noch höchste thebanische Würdenträger ausgedehnte Einzelgräber anlegen. Die Amunpriesterschaft bevorzugte den Schutz des Totentempels der Königin Hatschepsut. An diesem heiligsten Ort der Nekropole, heute mit dem arabischen Namen Deir el-Bahari bezeichnet, stapelten sich in unterirdischen Galerien die Särge vieler Generationen.

Auguste Mariette, französischer Ägyptologe, nimmt für sich in Anspruch, bei seinen Ausgrabungen des Totentempels der Hatschepsut im Jahre 1858 das Versteck der Priester und ihrer Angehörigen aus der 25. und 26. Dynastie gefunden zu haben. Mariettes Angaben über die Fundumstände sind vage: «Tous ces monuments ont été trouvés dans la même chambre souterraine.»[13]

Eine etwas andere Version gibt der deutsche Ägyptologe Heinrich Brugsch, der Mariette im Winter 1857/58 nach Oberägypten begleitet hat. Er berichtet von einem Besuch bei dem französischen Agenten Maunier, der für den französischen Generalkonsul Sabatier seit Jahren Ausgrabungen in Theben tätigte «und theils für den Besitzer des Firmans [= schriftliche Grabungserlaubnis], theils für sich eine nicht geringe Zahl schöner Antiken erworben [hat]. Von grösseren Gegenständen sind besonders zahlreiche Särge aus der besten Zeit hervorzuheben (Herr Maunier benutzte sie als Brennholz, als Thürflügel oder zum Bauen von Verschlägen) und eine nicht geringe Fülle antiker Statuen oder Fragmente derselben in allen Dimensionen und Steinarten. *Der reichste Fund ward Herrn Maunier zu Theil durch die Entdeckung eines grossen, aus drei Sälen und den dazu gehörigen Nebenkammern bestehenden Felsentempels, ein wenig oberhalb vom Tempel des Assasif's, in welchem sich in neun wohlverschlossenen Brunnen intacte Särge sammt ihren Mumien, der Zahl nach 60! vorfanden. Dieser Tempel sammt seinem*

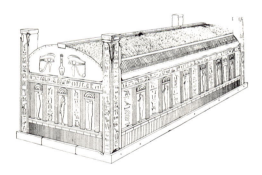

Abb. 29 Der verlorene Pfostensarg des Pestjenef. Aus: Heinrich von Minutoli, Reise zum Tempel des Jupiter Ammon, Tafelband, Berlin 1824.
Zentralbibliothek Zürich, Renate Gieseler

Die Mumie und die Särge der Schepenese   57

gegenwärtig fast ganz zerstörten Vorhof, in denen sich Säulen mit Hathorköpfen als Kapitäler befanden, war ursprünglich vom zweiten Thotmosis angelegt zu Ehren der thebanischen Hathor-Aphrodite, und von der (männlich mit Bart dargestellten) Königin Ramake [= Hatschepsut] und ihrem Bruder Thotmosis III. ausgebaut worden. Wie es scheint, wurde der Bau später als Grabstätte für Vornehme benutzt; wenigstens bezeugen dies die Särge, welche in den Brunnen standen.»[14]

Archäologisch lässt sich der genaue Fundort der Särge im Tempel nicht mehr nachweisen. Nach den Angaben von Brugsch und Nachgrabungen durch den Schweizer Ägyptologen Edouard Naville im Jahre 1894/95, der drei weitere Särge der im folgenden Abschnitt beschriebenen Familie fand, besteht kein Zweifel, dass es sich dabei um das Vestibül der im Süden gelegenen Hathorkapelle handelt.[15]

Die 60 Särge aus diesem Versteck wurden ins Museum von Kairo gebracht. Ein Grossteil davon ist entwendet worden, bevor die wissenschaftliche Aufarbeitung erfolgen konnte. Sie befinden sich in verschiedenen Museen von Europa und Übersee.

4.2.1 Die Bes-en-Mut-Familie

Unter den verbliebenen Särgen im Museum von Kairo gehört etwa ein Dutzend einer einzigen Familie von Month- und Amunpriestern aus der 25./26. Dynastie. Darunter befindet sich auch der des genannten Gottesvaters des Amun Wennefer (CG 41046).[16] Anhand von genealogischen Angaben auf den Särgen konnte ein komplizierter Stammbaum von über 10 Generationen erstellt werden. Aufgrund von weiterem Material sind wir recht gut über diese Familie unter-

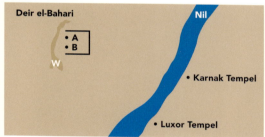

Abb. 30   Deir el-Bahari. Der Totentempel der Königin Hatschepsut liegt dem Amuntempel von Karnak gegenüber auf der Westseite des Nils.

A   Totentempel der Hatschepsut
B   Totentempel des Mentuhotep
W   Westgebirge

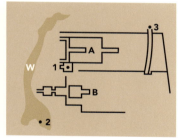

Abb. 31   Die drei Verstecke von Deir el-Bahari. Im Vestibül der Hathorkapelle (1) wurde vermutlich um 1820 Schepenese entdeckt, in nächster Nähe des Fundorts von 60 weiteren Särgen aus der 25. und 26. Dynastie 1858.

1   Versteck der Särge von Priestern aus der 25./26. Dynastie, 1858
2   Versteck der Königsmumien, 1881
3   Versteck der Särge aus der 21./22. Dynastie, 1891

richtet, die wegen der Häufigkeit des Namens Bes-en-Mut[17] als die Besenmut-Familie bezeichnet wird. Sie hatte in Theben Jahrhunderte lang hohe und höchste Priesterämter inne und übte bedeutende politische Funktionen aus.

Es ist sicher, dass vor den offiziellen Grabungen von 1858 bereits um 1820 Särge und Mumien von zwei Familienmitgliedern aus dem Versteck entnommen und ausser Landes gebracht worden sind. Es handelt sich dabei um die Särge und Mumie des Anchhor, heute im Reichsmuseum Leiden/Holland, und die seiner Schwester Taawa (heute Rosecrucian Egyptian Museum in San José/Kalifornien).[18]

Noch ist der Anschluss von Vater Pestjenef und Tochter Schepenese an den ohnehin weitläufigen Stammbaum der Besenmut-Familie nicht gefunden. Mit Sicherheit kann jedoch gesagt werden, dass Pestjenef und mit ihm Schepenese der selben sozialen Schicht der einflussreichen thebanischen Amunpriesterschaft angehörten, die sich im Vorhof der Hathorkapelle beim Hatschepsuttempel von Deir-el-Bahari bestatten liess. Die Särge mit der Mumie der Schepenese dürften aus einer frühen Raubgrabung des später von Mariette ausgeräumten Verstecks in der erwähnten Kapelle stammen.

Abb. 32 Der ins Westgebirge eingebettete Hatschepsuttempel (dahinter Totentempel des Mentuhotep). Kreis: die Hathorkapelle.
Susanne Nyffeler

Die Mumie und die Särge der Schepenese

Schlussbemerkungen

Der Wunsch der Schepenese nach ungestörtem Verbleib in der Ewigkeit hat sich nicht erfüllt. Grabberaubung in Ägypten ist so alt wie die aufwendige Bestattung. Da nützten auch vorsorglich am Eingang oder im Grab angebrachten Drohungen nichts: «Jeder Mensch, der etwas Böses gegen dieses (das Grab) tun sollte, es wird mit ihm gerichtet werden durch den Grossen Gott.» (Inschrift auf der Scheintüre des Sefetjwa, Altes Reich).[19]

Ein Anliegen der heutigen Ägyptologie ist es, die originalen Zusammenhänge zu rekonstruieren. Auf Schepenese bezogen bedeutet das, zu Mumie und Särgen den geschichtlichen, religiösen und familiären Kontext zu finden. Damit geben wir Schepenese ein ideales Zuhause und ein Stückchen Ewigkeit zurück.

Dank

Meinem verehrten Lehrer, Herrn Professor Dr. Peter Kaplony, gebührt an erster Stelle Dank für die wissenschaftliche Beratung und aufmunternde Unterstützung. Die Kollegen lic. phil. Benjamin Geiger, Zürich, lic. phil. Alexandra Küffer und Dr. Thomas Schneider, Basel, haben sich mit ihrer kritischen Durchsicht des Manuskriptes grosse Verdienste erworben. Der Familie und vielen Freunden bin ich dankbar für ihren Beitrag zum Zustandekommen dieser Arbeit. Ein spezieller Dank geht an Fatma Erbudak für die Mühe der ersten Umzeichnungen, an Robert Bigler, Gisela Meyer, Susanne Nyffeler und die Staatlichen Museen zu Berlin/Ägyptisches Museum für das Überlassen von Fotomaterial, an Renate Gieseler für die Aufnahmen aus dem Tafelband Minutoli.

Herodot, *Historien* II, 85–89

Totenklage und Begräbnis gehen folgendermassen vor sich. Wenn in einem Hause ein angesehener Hausgenosse stirbt, bestreichen sich sämtliche weiblichen Hausbewohner den Kopf oder auch das Gesicht mit Kot, lassen die Leiche im Hause liegen und laufen mit entblösster Brust, sich schlagend, durch die Stadt; alle weiblichen Verwandten schliessen sich ihnen an. Auch die Männer schlagen sich und haben ihr Gewand unter der Brust festgebunden. Hiernach schreitet man zur Einbalsamierung der Leiche.

Es gibt besondere Leute, die dies berufsmässig ausüben. Zu ihnen wird die Leiche gebracht, und sie zeigen nun hölzerne, auf verschiedene Art bemalte Leichname zur Auswahl vor. Wonach man die vornehmste der Einbalsamierungsarten benennt, scheue ich mich zu sagen. Sie zeigen dann weiter eine geringere und wohlfeilere und eine dritte, die am wohlfeilsten ist. Sie fragen dann, auf welche der drei Arten man den Leichnam behandelt sehen möchte. Ist der Preis vereinbart, so kehren die Angehörigen heim, und jene machen sich an die Einbalsamierung. Die vornehmste Art ist folgende. Zunächst wird mittels eines eisernen Hakens das Gehirn durch die Nasenlöcher herausgeleitet, teils auch mittels eingegossener Flüssigkeiten. Dann macht man mit einem scharfen äthiopischen Stein einen Schnitt in die Weiche und nimmt die ganzen Eingeweide heraus. Sie werden gereinigt, mit Palmwein und dann mit geriebenen Spezereien durchspült. Dann wird der Magen mit reiner geriebener Myrrhe, mit Kasia und anderem Räucherwerk, jedoch nicht mit Weihrauch gefüllt und zugenäht. Nun legen sie die Leiche ganz in Natronlauge, siebzig Tage lang. Länger als siebzig Tage darf es nicht dauern. Sind sie vorüber, so wird die Leiche gewaschen, der ganze Körper mit Binden aus Byssosleinwand umwickelt und mit Gummi bestrichen, was die Ägypter an Stelle von Leim zu verwenden pflegen. Nun holen die Angehörigen die Leiche ab, machen einen hölzernen Sarg in Menschengestalt und legen die Leiche hinein. So eingeschlossen wird sie in der Familiengrabkammer geborgen, aufrecht gegen die Wand gestellt.

Das ist die Art, wie die Reichsten ihre Leichen behandeln. Wer die Kosten scheut und die mittlere Einbalsamierungsart vorzieht, verfährt folgendermassen. Man füllt die Klystierspritze mit Zedernöl und führt das Öl in den Leib der Leiche ein, ohne ihn jedoch aufzuschneiden und die Eingeweide herauszunehmen. Man spritzt es vielmehr durch den After hinein und verhindert den Ausfluss. Dann wird die Leiche die vorgeschriebene Anzahl von Tagen eingelegt. Am letzten Tage lässt man das vorher eingeführte Zedernöl wieder heraus, das eine so grosse Kraft hat, dass Magen und Eingeweide aufgelöst und mit herausgespült werden. Das Fleisch wird durch die Natronlauge aufgelöst, so dass von der Leiche nur Haut und Knochen übrig bleiben. Danach wird die Leiche zurückgegeben, und es geschieht nichts weiter mit ihr.

Die dritte, von den Ärmsten angewandte Art der Einbalsamierung ist folgende. Der Leib wird mit Rettigöl ausgespült und die Leiche dann die siebzig Tage eingelegt. Dann wird sie zurückgegeben.

Die Frauen angesehener Männer werden nicht gleich nach dem Tode zur Einbalsamierung fortgegeben, auch schöne oder sonst hervorragende nicht. Man übergibt sie den Balsamierern erst drei oder vier Tage später; und zwar geschieht das deswegen, damit sich die Balsamierer nicht an den Frauen vergehen. Es sei einmal einer wegen der Schändung einer frischen Frauenleiche bestraft worden, den ein Berufsgenosse angezeigt hatte.

Anmerkungen

1. Bei der Restaurierung und Konservierung der Mumie durch Bruno Kaufmann im Jahre 1994 wurden das äussere Leinentuch und die darunterliegenden Bänderlagen abgenommen und gereinigt.
2. *Ägyptisches Museum/Staatliche Museen zu Berlin* 1991, 211.
3. Zweimal auf dem Innensarg zu lesen. 1. Sargdeckel innen: Opferformel über der Göttin Nut, 6./7. Register. 2. Sargwanne innen, unter dem Djed-Pfeiler, 12.–14. Register.
4. TAYLOR 1984.
5. GAUTHIER 1913, 111–138, Planche IX–X, 83–111, Planche VIII.
6. TAYLOR 1984, 29.
7. HORNUNG und STAEHELIN 1976, 15, speziell Anm. 36/Tafel 129.
8. HORNUNG 1993, 322–323.
9. HORNUNG 1993, 148–149.
10. GRAPOW 1958, Pap.Ebers 800 (94, 14–15), Pap.Ebers 801 (94, 15–16), Pap.Ram IV C 28–29, Pap.Ebers 797 (94, 10–11), Pap.Ebers 2 (1,12–2,1). WESTENDORF 1992, S.204–205.
11. VON MINUTOLI 1827, 221.
12. MÜLLER 1935, 85/86.
13. GAUTHIER 1913, V.
14. BRUGSCH 1860, 8/9.
15. NAVILLE 1894/1895, 34–36; ders. 1898, 10; ders. 1901, 1.
16. GAUTHIER 1913, 83–111, Planche VIII.
17. Bedeutung des Namens: 'Bes (Beschützer) der Göttin Mut'. Mut, Gemahlin des Amun, hatte einen Tempel mit eigenem Kult im Amunbezirk von Karnak. Dort wurde die Geburt des Götterkindes, bewacht von Bes, gefeiert (Bes-Figuren am Eingang zum Tempel vgl. Abb. 13). Die Amunpriester versahen ihren Dienst auch in diesem Gotteshaus.
18. RAAVEN 1981.
19. SETHE 1933, 72.

Literatur

BdE   *Bibliothèque d'étude,* Institut français d'archéologie orientale, Kairo
CG   *Catalogue général des antiquités égyptiennes du Musée du Caire,* Kairo
CdE   *Chronique d'Egypte,* Brüssel
EEF   *Egypt Exploration Fund,* London
MÄS   *Münchner Ägyptologische Studien,* Berlin, München
OMRO *Oudheidkundige Mededelingen uit het Rijksmuseum van Oudheden te Leiden,* Leiden
ZÄS   *Zeitschrift für Ägyptische Sprache und Altertumskunde.* Leipzig, Berlin.
ZDMG *Zeitschrift der Deutschen Morgenländischen Gesellschaft,* Leipzig, Wiesbaden

Ägyptisches Museum/Staatliche Museen zu Berlin. Katalog. Karl-Heinz Priese (Hrsg.). Mainz 1991.

BARTA, WINFRID. «Die altägyptische Opferformel». In: MÄS 3, 1963.

BIERBRIER, M.L. *The Late New Kingdom in Egypt.* Warminster 1975.

BÖNI, THOMAS. *Röntgenbefund der Mumie der Schepenese.* Zürich 1996.

BONANI, GEORGES. *Gutachten zur Altersbestimmung von Mumienbinden und Holz der Särge der Schepenese.* Zürich 1995.

BRUGSCH, HEINRICH. «Vorläufiger Bericht über meine zweite wissenschaftliche Reise nach Aegypten im Winter 1857–58». In: ZDMG XIV, 1860.

Description de l'Égypte ou recueil des observations et des recherches qui ont été faites en Égypte pendant l'expédition de l'armée française. Paris 1809–28.

GAUTHIER, HENRI. *Cercueils anthropoïdes des prêtres de Montou.* CG 41042–41072. 2 Bde. Kairo 1913.

GERMER, RENATE. *Das Geheimnis der Mumien.* München, New York 1997.

HELCK, WOLFGANG, EBERHARD OTTO und WOLFHART WESTENDORF (Hrsg.). *Lexikon der Ägyptologie.* 7 Bde. Wiesbaden 1972–1992.

GRAPOW, HERMANN, HILDEGARD V. DEINES, WOLFHART WESTENDORF. *Grundriss der Medizin der alten Ägypter.* 7 Bde. Berlin 1954 ff.

HERODOT, *Historien.* Deutsche Gesamtausgabe. Stuttgart 1971.

HORNUNG, ERIK. *Grundzüge der ägyptischen Geschichte.* Darmstadt 1978.

DERS. *Das Totenbuch der Ägypter.* Zürich, München 1990. Taschenbuchausgabe 1993.

DERS. und ELISABETH STAEHELIN. *Skarabäen und andere Siegelamulette aus Basler Sammlungen.* Mainz 1976.

KAPLONY, PETER. «Die Prinzipien der Hieroglyphenschrift». In: *Textes et Langages de l'Egypte Pharaonique: 150 années de recherches 1822–1972.* BdE 64, 1973, Bd I, 3–14.

KITCHEN, KENNETH A. *The Third Intermediate Period in Egypt (1100–650 B.C.).* Second Edition with Supplement. Warminster 1986.

KÜFFER, ALEXANDRA und MARC RENFER. *Das Sargensemble einer Noblen aus Theben.* Bern 1996.

VON MINUTOLI, HEINRICH. *Reise zum Tempel des Jupiter Ammon in der libyschen Wüste und nach Ober-Ägypten.* Text- und Tafelband. Berlin 1824.

DERS. *Nachträge zu meinem Werke, betitelt Reise zum Tempel des Jupiter Ammon.* Berlin 1827.

MÜLLER, HUGO. *Bericht über die ägyptische Mumie in der Stifts-Bibliothek St. Gallen.* Typoskript. Berlin 1934.

Ders. «Die Mumie der Schep-en-ese in St.Gallen». In: ZÄS 1935, 85–86.

Moret, Alexandre. *Sarcophages de l'époque bubastide à l'époque saïte.* CG 41001–41041. 2 Bde. Kairo 1913.

Myśliwiec, Karol. *Herr Beider Länder: Ägypten im 1.Jahrtausend v.Chr.* (Kulturgeschichte der Antiken Welt 69). Mainz 1998.

Naville, Edouard. *Egypt Exploration Fund, Annual report 1894–1895.* London.

Ders. *The Temple of Deir el-Bahari* III, EEF 16, 1898.

Ders. *The Temple of Deir el-Bahari* IV, EEF 19, 1901.

Niwinski, Andrzej. *21st Dynasty Coffins from Thebes.* (Reihe Theben 5). Mainz 1988.

Raven, Maarten, J. «On some coffins of the Besenmut family». In: OMRO 62. 1981, 7–21.

Schneider, Thomas. *Lexikon der Pharaonen: Die altägyptischen Könige von der Frühzeit bis zur Römerherrschaft.* Zürich 1994.

Sethe, Kurt. *Urkunden des Alten Reichs.* Leipzig 1933.

Taylor, John H. «A priestly family of the 25th Dynasty». In: CdE LIX, 1984, 27–57.

Vittmann, Günter. *Priester und Beamte im Theben der Spätzeit.* (Beiträge zur Ägyptologie 1). Wien 1978.

Westendorf, Wolfhart. *Erwachen der Heilkunst.* Zürich, München 1992.

Würsch-Geiger, Mirjam und Elisabeth Langenegger. *Geschlechtsbestimmung und Sterbealter der Schepenese.* Zürich 1996.

Zürcher, Ernst. *Gutachten Nr. 792: Holzbestimmung der beiden ägyptischen Spätzeitsärge in der Stiftsbibliothek St.Gallen.* Zürich 1996.